인생이 즐거워지고 비즈니스가 풍요로워지는
SNS소통연구소 교육 소개

현재 전국에 수백 명의 스마트폰 활용지도사 자격증을 취득~ ~케팅 전문 강사들이 강사로 활동 중에 있습니다.

● 스마트폰 활용지도사 2급 및 1급 자격증
스마트폰 기본 활용부터 스마트폰 UCC, 스마트~ ~워크, 스마트폰 마케팅 교육 등 스마트폰 전문강사를 양성하고 있습니다.

● 유튜브 크리에이터 전문지도사 2급 및 1급 자격증
유튜브 기본 활용부터 실전 유튜브 마케팅까지 실질적으로 도움이 되고 돈이 되는 교육을 실시하고 있습니다.

● SNS마케팅 전문지도사 2급 및 1급 자격증
다양한 SNS채널을 활용해서 고객을 유혹하고 매출을 증대시킬 수 있는 실전 노하우와 SNS 마케팅 효과를 극대화하기 위한 광고 전략 구축 노하우 교육을 하고 있습니다.

● 스마트워크 전문지도사 2급 및 1급 자격증
스마트폰 및 SNS를 활용해서 실전에 꼭 필요한 기능과 업무효율을 높일 수 있는 노하우에 대해서 교육을 진행하고 있습니다.

● 디지털문해교육 전문지도사 2급 및 1급 자격증
디지털문해교육 전문지도사가 초등학교부터 대기업 임원을 포함한 퇴직 예정자들까지 디지털 기술 활용에 대한 교육을 진행할 수 있도록 교육하고 있습니다.

● 디지털범죄예방전문지도사
4차 산업혁명시대! 디지털리터러시 시대에 어린아이들부터 성인들에게 이르기까 각종 디지털범죄로 인해 입을 피해를 방지하고자 교육합니다.

● AI 챗GPT 전문지도사 2급 및 1급 자격증
디지털 대전환시대에 누구나 배우고 익혀야 할 AI챗GPT 각 분야별 전문 강사를 양성하고 있습니다.

SNS소통연구소는

2010년 4월부터 **뉴미디어 마케팅 교육(스마트폰, SNS 마케팅, 유튜브 크리에이터, 프리젠테이션, 컴퓨터 활용 등)**을 진행해오고 있으며 4,000여 명의 스마트폰 활용지도사를 양성해오고 있으며 전국 74개의 지부 및 지국을 운영해오고 있습니다.

📞 **교육 문의** 02-747-3265 / 010-9967-6654
✉ **이메일** snsforyou@gmail.com

AI 챗GPT는 현대 연구 및 컨설팅 환경에서 필수적인 역량으로 자리 잡고 있습니다.

이는 빅데이터 분석, 자연어 처리, 기계 학습 등의 최신 기술을 활용하여 대학원생과 컨설턴트가 복잡한 정보를 신속하게 분석하고, 고도화된 연구 결과를 도출할 수 있도록 지원합니다.

특히, AI 챗GPT는 연구자료의 분석, 학술 논문 작성, 데이터 시각화, 그리고 심층적인 연구 문제 해결에 이르기까지 다양한 단계에서 맞춤형 솔루션을 제공합니다.

이 기술을 통해 사용자는 연구 주제에 대한 선진적인 인사이트를 얻고, 복잡한 데이터 세트를 쉽게 해석할 수 있으며, 연구 결과의 신뢰도를 높일 수 있습니다.

또한, AI 챗GPT는 연구 및 컨설팅 프로젝트의 기획과 실행 단계에서 전략적 결정을 내리는 데 중요한 데이터 기반의 근거를 제공합니다. 이는 프로젝트의 효율성을 극대화하고, 예상치 못한 문제에 대한 해결책을 제시하며, 결과적으로 프로젝트 성공률을 향상하는 데 기여합니다.

AI 챗GPT의 도입은 연구 및 컨설팅 작업의 질을 향상하는 동시에, 작업 시간을 단축하고, 연구 및 컨설팅 과정에서 발생할 수 있는 다양한 장애물을 극복할 수 있게 합니다.

본서는 AI 챗GPT의 고급 기능과 응용 방법을 소개함으로써, 대학원생과 컨설턴트가 자신의 전문 분야에서 AI의 무한한 가능성을 탐색하고 활용할 수 있도록 안내합니다.

이를 통해 독자는 AI 챗GPT를 사용하여 연구 문제를 정의하고 해결하는 방법, 데이터 분석 기술을 개선하는 방법, 그리고 연구 결과를 효과적으로 소통하는 방법 등을 학습할 수 있습니다.

더불어, AI 챗GPT의 활용은 연구 및 컨설팅 프로젝트의 성공률을 높이고, 전문적인 경쟁력을 강화하는 데 중요한 역할을 할 것입니다.

이 책은 AI 챗GPT의 이론적 배경과 실용적인 활용 사례를 통해, 대학원생과 컨설턴트가 자신의 연구 및 컨설팅 활동을 한 차원 높은 수준으로 발전시킬 수 있도록 구체적인 지침을 제공합니다.

또한, 실질적으로 결과물을 만들어 내는 데 있어 스마트워크를 실현할 수 있는 다양한 프로그램 활용을 통해 일의 효율성과 효과성을 극대화할 수 있는 노하우도 소개하고 있습니다.

독자는 이 책을 통해 AI 챗GPT와 스마트워크 프로그램 활용에 대한 기능을 깊이 있게 이해하고, 자신의 전문 분야에서 이를 효과적으로 적용하는 방법을 학습함으로써, 연구 및 컨설팅 업무에서 차별화된 가치를 창출할 수 있을 것입니다.

시니어 실버의 활력,
그것이 전세계의 에너지입니다

디지털 리터러시의 장벽을 해결하고
최고 수준의 강사를 양성하여
교육생들과의 활발한 연결을 구축합니다.

국내를 넘어 전 세계의 시니어 실버 세대를 위한
상생과 평생학습을 지향하는 플랫폼을 구현하여
모든 세대가 함께 웃는 공간을 만들어가겠습니다.

전국구 시니어 강사
500명 이상 활동

민간 자격증 기준
4,000명 이상 발급

Since 2010

전체 강의 포함
100만 시간 이상

다수 저자활동
50권 이상

민간,기업,공공 포함
강의 1,000곳 이상

디지털콘텐츠그룹   digitalcontentgroup.com

(주)디지털콘텐츠그룹의 History

2010   4월부터 스마트폰 및 SNS마케팅 교육 진행

2011   SNS소통연구소 출판사 운영
(2024년 50여권 책 출판-뉴미디어 마케팅책 중심)

2014   국내 최초 스마트폰 및 SNS마케팅 강사 자격증
스마트폰활용지도사 민간 자격증 발행시작

2019   SNS소통연구소 정식 지부 및 지국 출범

2023   3월 디지털콘텐츠큐레이터 자격증 발행시작
7월 ㈜디지털콘텐츠그룹 신설 (기존 SNS소통연구소 유지)
8월 ㈜디지털콘텐츠그룹 출판사 설립
9월 디지털콘텐츠뉴스 언론사 설립
11월 디지털콘텐츠 R&D센터 설립
11월 디지털콘텐츠 평생교육원 설립
11월 디지털콘텐츠 e-러닝평생교육원 설립

2024   1월부터 본격적으로 디지털콘텐츠 플랫폼
비즈니스를 시작하고자 사업 확장 중

국내 최초!
국내 최고!

스마트폰 강사 자격증

● 스마트폰 활용지도사 자격증에 대해서 아시나요?

과학기술정보통신부가 검증하고 한국직업능력개발원이 관리하는
스마트폰 자격증 취득에 관심 있으신 분들은 살펴보세요.

상담 문의
이종구 010-9967-6654
E-mail : snsforyou@gmail.com
카톡 ID : snsforyou

스마트폰 활용지도사 1급

● 해당 등급의 직무내용

초/중/고/대학생 및 성인 남녀노소 누구에게나 스마트폰
활용교육 및 SNS 기본 교육을 실시할 수 있습니다.
개인 및 소기업이 브랜딩 전략을 구축하는 데 있어 저렴한
비용을 들여 브랜딩 및 모바일 마케팅 전략을 구축할
수 있도록 필요한 교육을 할 수 있습니다.

스마트폰 활용지도사 2급

● 해당 등급의 직무내용

시니어 실버분들에게 스마트는 활용교육을 실시할 수 있습
니다. 개인 및 소기업이 모바일 마케팅 전략을 구축하는
데 있어 기본적인 교육을 할 수 있습니다. 1인 기업 및
소기업이 스마트워크 시스템을 구축하는 데 제반 사항을
교육할 수 있습니다.

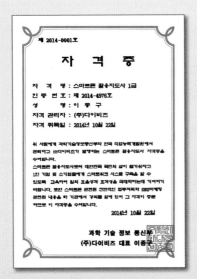

• 시험 일시 : 매월 둘째 주, 넷째 주 일요일 5시부터 6시까지 1시간
• 시험 과목 : 2급 – 스마트폰 활용 분야 / 1급 – 스마트폰 SNS마케팅
• 합격점수
    1급 – 80점 이상(총 50문제 각 2점씩, 100점 만점에 80점 이상)
    2급 – 80점 이상(총 50문제 각 2점씩, 100점 만점에 80점 이상)

시험대비 공부방법

❶ 스마트폰 활용지도사 2급 교재 구입 후 공부하기
❷ 정규수업 참여해서 공부하기
❸ 네이버에서 [디씨플] 사이트 검색 후 상단 [자격증 강좌]에서 수강하기

시험대비 교육일정

❶ 매월 정규 교육을 SNS소통연구소 전국 지부에서 실시하고 있습니다.
❷ 스마트폰 활용지도사 SNS소통연구소 블로그
    (blog.naver.com/urisesang71) 참고하기
❸ 디지털콘텐츠 e-러닝 평생교육원 사이트 참조(dcgplatform.com)
❹ NAVER 검색창에 (SNS소통연구소)라고 검색하세요!

| 시험 응시료 : 3만원
| 자격증 발급비 : 7만원

• 종이 자격증 및 우단 케이스 제공
• 스마트폰 활용지도사 강의자료
  제공비 포함

스마트폰 활용지도사 자격증 취득 시 혜택

❶ 디지털콘텐츠평생교육원 스마트폰 활용 교육 강사 위촉
❷ SNS소통연구소 스마트폰 활용 교육 강사 위촉
❸ 스마트 소통 봉사단에서 교육받을 수 있는 자격부여
❹ SNS 및 스마트폰 관련 자료 공유
❺ 매월 1회 세미나 참여 (정보공유가 목적)
❻ 향후 일정 수준이 도달하면 기업제 및 단체 출강 가능
❼ 그 외 다양한 혜택 수여

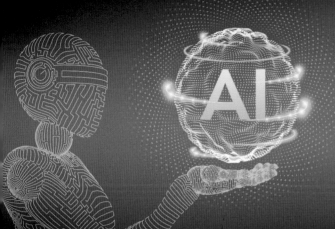

Ai 챗GPT 전문지도사

2급 / 1급

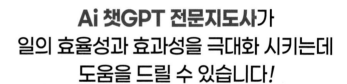

Ai 챗GPT 전문지도사가
일의 효율성과 효과성을 극대화 시키는데
도움을 드릴 수 있습니다!

Ai 챗GPT 전문지도사 2급 및 1급

☑ **자격의 종류 :** 등록 민간자격

☑ **등록번호 :** 560-86-03177

☑ **자격 발급 기관 :** (주)디지털콘텐츠그룹

☑ **총 비용 :** 100,000원

☑ **환불 규정**
- 접수 마감 전까지 100% 환불 가능(시험일자 기준 7일전)
- 검정 당일 취소 시 30% 공제 후 환불 가능

시험 문의
(주)디지털콘텐츠그룹 (Tel. 02-747-3265)

디지털 교육 강사들의 필수 지침서
스마트폰 활용지도사 2급 교재

SNS마케팅 교육 전문가 양성 과정 책
스마트폰 활용지도사 1급 교재

UCC제작과 유튜브크리에이터
양성을 위한 책
유튜브크리에이터전문지도사 2급 교재

스마트한 강사를 위한 길라잡이
프리젠테이션전문지도사 2급 교재
컴퓨터활용전문지도사 2급 교재

어르신들을 위한 스마트폰 기초 교실(개정판)
스마트폰 기초부터 기본 UCC 활용 책

대학원생과 컨설턴트를 위한 Ai 챗GPT
기본적인 Ai 챗GPT 활용은 물론,
챗 GPT를 활용한 다양한 논문 및
제안서 작성에 도움이 되는 Ai 서비스 활용서

누구나 쉽게 따라하는 AI 챗GPT
스마트폰에서 활용하는 AI 서비스 활용
AI 챗GPT전문지도사 2급 교재

AI 챗GPT는 마케팅전문가
PC에서 활용하는 AI 서비스 활용
AI 챗GPT전문지도사 1급 교재

뉴미디어 마케팅 교육 문의
- 스마트폰 활용
- SNS마케팅
- 유튜브크리에이터
- 프리젠테이션
- 컴퓨터 활용 등
- 디지털범죄예방
- AI 챗GPT 활용

- SNS소통연구소 (직통전화)
  010-9967-6654

- 디지털콘텐츠그룹 (직통전화)
  02-747-3265

SNS소통연구소 지부 및 지국 활성화
- 2010년 4월부터 교육을 시작한 SNS소통연구소는
  현재 전국에 74개의 지부 및 지국을 운영 중

스마트폰 활용지도사
(국내 최초! 국내 최고!)
- 2014년 10월 스마트폰 활용지도사 민간 자격증 취득
- 2급과 1급 과정을 운영 중이며 현재 4,000여 명 이상 지도사 양성

실전에 필요한 전문 교육
(다양한 분야 실전 교육 중심)
- 일반 강사들에게도 꼭 필요한 전문 교육을 실시함
  (SNS마케팅, 스마트워크, 프리젠테이션, 컴퓨터 활용 등)

SNS소통연구소 출판사
- 2011년 11월부터 SNS소통연구소 출판사 운영
- 스마트폰 활용 및 SNS마케팅 관련된 책 50권 출판
- 강사들에게 필요한 다양한 분야의 책을 출간 진행 중

- **사회복지사란?**

  청소년, 노인, 가족, 여성, 장애인 등 사회적 약자에 대한 복지 정책 및 공공 복지 서비스가 증대함에 따라 사회적인 문제로 어려움을 겪는 이들을 돕는 직업

- **스마트폰 활용지도사란?**

  개인이 즐거운 인생을 살아가는 데 도움을 드리고 소상공인들에게 풍요로운 비즈니스를 할 수 있도록 도움을 드리는 직업으로 스마트폰 활용지도사가 디지털 문맹 퇴치 운동에 앞장서고 즐거운 대한민국을 만들어가는데 초석이 되었으면 합니다.

SNS소통연구소 전국 지부 봉사단 현황

서울	울산지부	부산지부
스마트 소통 봉사단	**스폰지**	**모바일**
2018년 6월부터 매주 수요일 오후 2시부터 5시까지 스마트폰 활용지도사들이 소통대학교에 모여서 강사 트레이닝을 목적으로 운영되고 있음 (기관 및 단체 재능기부 교육도 진행)	매월 정기모임을 통해서 스마트폰 활용지도사의 역량개발과 지역주민들을 위해 스마트폰 활용 교육 봉사활동 진행	모든 것이 바라는 대로 이루어집니다! 매월 정기모임을 통해서 스마트폰 활용지도사의 역량개발과 지역주민들을 위해 스마트폰 활용 교육 봉사활동 진행
제주지부	**경북지부**	**경기북부**
제스봉	**스소사**	**펀펀 스마트 봉사단**
제주도 스마트폰 봉사단 매월 정기모임을 통해서 스마트폰 활용지도사의 역량개발과 지역주민들을 위해 스마트폰 활용 교육 봉사활동 진행	'스마트하게 소통하는 사람들' 경북지부 스마트폰 봉사단 매월 정기모임을 통해서 스마트폰 활용지도사의 역량개발과 지역주민들을 위해 스마트폰 활용 교육 봉사활동 진행	'배우면 즐거워져요~' 경기북부 스마트폰 봉사단 매월 정기모임을 통해서 스마트폰 활용지도사의 역량개발과 지역주민들을 위해 스마트폰 활용 교육 봉사활동 진행
경기동부	**경기서부**	**대구지부**
스마트 119 봉사단	**스마트 위드유**	**스마트 소통 약방**
'스마트한 사람들이 모여 지역주민들의 스마트한 인생을 도와드리는 봉사단' 매월 정기모임을 통해서 스마트폰 활용지도사의 역량개발과 지역주민들을 위해 스마트폰 활용 교육 봉사활동 진행	매월 정기모임을 통해서 스마트폰 활용지도사의 역량개발과 지역주민들을 위해 스마트폰 활용 교육 봉사활동 진행	매월 정기모임을 통해서 스마트폰 활용지도사의 역량개발과 지역주민들을 위해 스마트폰 활용 교육 봉사활동 진행

   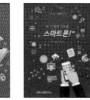   

서울 (지부장-소통대)

강남구 (지국장-최영하)	강서구 (지국장-문정임)	관악구 (지국장-손희주)	강북구 (지국장-명다경)	강동구 (지국장-윤진숙)
노원구 (지국장-전윤이)	동작구 (지국장-최상국)	도봉구 (지국장-오영희)	마포구 (지국장-김용금)	송파구 (지국장-문윤영)
서초구 (지국장-조유진)	성북구 (지국장-조선아)	양천구 (지국장-송지열)	영등포구 (지국장-김은정)	용산구 (지국장-김수영)
은평구 (지국장-노승유)	중구 (지국장-유화순)	종로구 (지국장-김숙명)	금천구 (지국장-김명선)	

경기북부 (지부장-이종구)

의정부 (지국장-한경희)	양주 (지국장-유은서)	동두천/포천 (지국장-김상기)	구리 (지국장-김용희)	남양주시 (지국장-정덕모)	고양시 (지국장-백종우)

경기동부 (지부장-이종구)

성남시 (지국장-노지영)	용인시 (지국장-김지태)

경기서부 (지부장-이종구)

시흥시 (지국장-윤정인)	부천시 (지국장-김남심)

경기남부 (지부장-이중현)

수원 (지국장-권미용)	이천/여주 (지국장-김찬곤)	평택시 (지국장-임계선)	안성시 (지국장-허진건)	화성시 (지국장-한금화)

인천광역시

서구 (지국장-어현경)	남동구 (지국장-장선경)	부평구 (지국장-최신만)	중구 (지국장-조미영)	계양구 (지국장-전혜정)	연수구 (지국장-조예윤)

강원도 (지부장-장해영)

강릉시 (지국장-임선강)	춘천시 (지국장-박준웅)

충청남도 (지부장-김미선)

청양/아산 (지국장-김경태)	금산/논산 (지국장-부성아)	천안시 (지국장-김숙)	홍성/예산 (지국장-김월선)

대구광역시 (지부장-임진영)

대전광역시

중구/유성구 (지국장-조대연)

경상북도 (지부장-남호정)

고령군 (지국장-김세희)	경주 (지국장-박은숙)

전라북도 (지부장-송병연)

전라남도 (지부장-장광완)

광주광역시

북구 (지국장-김인숙)

부산광역시 (지부장-손미연)

사상구 (지국장-박소순)	해운대구 (지국장-배재기)	기장군 (지국장-배재기)	연제구 (지국장-조환철)	진구 (지국장-김채완)	북구 (지국장-황연주)

울산광역시 (지부장-김상덕)

동구 (지국장-김상수)	남구 (지국장-박인완)	중구 (지국장-장동희)	북구 (지국장-이성일)

제주도 (지부장-여원식)

Contents

Contents

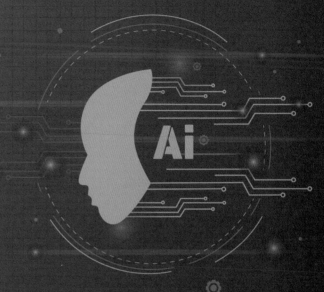

1강 | Ai란 무엇인가?

1강   Ai란 무엇인가?

AI는 Artificial Intelligence의 약자로, '인공지능'이라고 읽습니다.

인공지능은 학습, 문제 해결, 패턴 인식 등과 같이 주로 인간 지능과 연결된 인지 문제를 해결하는 데 주력하는 컴퓨터 공학 분야입니다.

인간의 지능에는 학습 능력, 추론 능력, 지각 능력 등이 있는데, 인공지능은 이러한 능력을 컴퓨터에 구현하여 다양한 문제를 해결할 수 있도록 합니다.

AI, 즉 인공지능은 컴퓨터나 기계가 인간처럼 생각하고 학습할 수 있게 만든 기술입니다. 이 기술은 다양한 방식으로 우리 주변에 적용되고 있습니다.

예를 들면, 스마트폰의 음성인식 기능, 자동차의 자율주행 시스템, 인터넷 쇼핑몰에서 개인의 취향에 맞춘 상품 추천 등이 모두 AI 기술을 사용하고 있습니다.

인공지능은 다양한 분야에서 활용되고 있습니다. 대표적인 분야로는 다음과 같은 것들이 있습니다.

- **자율주행 자동차:** 자동차가 스스로 운전하는 기술에도 인공지능이 핵심적인 역할을 합니다. AI는 도로 상황, 교통 신호, 주변 차량을 인식하고 이해하여 안전한 운전을 가능하게 합니다.

- **의료:** 인공지능은 의료 이미지 분석, 예를 들어 X-레이나 MRI 스캔에서 질병을 감지하는 데 사용됩니다. AI 알고리즘은 이러한 이미지를 빠르고 정확하게 분석하여 의사가 진단을 내리는 데 도움을 줄 수 있습니다.

- **금융:** 은행과 금융 기관은 AI를 사용하여 사기 거래를 감지하고 위험 관리를 수행합니다. AI 시스템은 대량의 거래 데이터를 분석하여 이상 행동을 식별할 수 있습니다.

- **교육:** 인공지능은 학생들의 학습 스타일과 성취도를 분석하여 개인별 맞춤형 학습 경험을 제공할 수 있습니다. 예를 들어, AI가 학생의 약점을 파악하고 그에 맞는 추가 학습 자료를 제공함으로써 효과적인 학습을 돕습니다.

- **고객 서비스:** 많은 회사에서는 챗봇을 이용하여 고객 문의에 대응하고 있습니다. 이 챗봇들은 자연어 처리(NLP)라는 AI 기술을 사용하여 사람들의 질문을 이해하고 적절한 답변을 제공합니다.

- **추천 서비스:** 넷플릭스나 유튜브 같은 플랫폼은 사용자의 시청 이력과 선호도를 분석하여 맞춤형 콘텐츠를 추천합니다. 이러한 추천 시스템 뒤에는 사용자 데이터를 분석하고 학습하는 AI 알고리즘이 있습니다.

- **분석 서비스:** 기후 데이터를 분석하여 기후 변화의 원인과 영향을 연구하는 것으로, 기후 변화에 대응하기 위한 정책 수립에 기여합니다. 예를 들어, 미국 NASA는 인공지능을 활용하여 지구의 기후 변화를 연구하고 있습니다.

- **신약 개발:** 인공지능을 활용하여 신약 후보 물질을 발굴하고 개발하는 것으로, 신약 개발의 효율성과 성공률을 향상시키는 데 기여합니다. 예를 들어, 화이자는 인공지능을 활용하여 신약 개발을 진행하고 있습니다.

Ai는 크게 두 가지 주요 요소로 구성됩니다.
머신러닝(Machine Learning)과 딥러닝(Deep Learning)

인공지능 ❯ 머신러닝 ❯ 딥러닝 관계

인공지능 | Artificial Intelligence
학습, 문제해결, 패턴 인식 등과 같이 주로 인간 지능과
연결된 인지 문제를 해결하는 데 주력하는 컴퓨터 공학 분야

머신러닝 | Machine Learnign
컴퓨터가 스스로 학습하여 인공지능의 성능을
향상시킬 수 있도록 알고리즘과 기술을 개발하는 분야

딥러닝 | Deep Learning
인간의 뉴런과 비슷한 방식으로 심층 인공 신경망을
기반으로 학습 방식을 구현하는 머신러닝 기술

머신러닝(Machine Learning)은 컴퓨터에게 많은 데이터를 주고 그 안에서 패턴을 찾게 하는 방식입니다.

예를 들어, 수많은 고양이 사진을 컴퓨터에게 보여주면서 이것이 고양이라고 알려주면 컴퓨터는 점점 더 고양이를 잘 구별하게 됩니다.

딥러닝(Deep Learning)은 기계학습의 한 분야로, 인간의 뇌가 작동하는 방식을 모방한 신경망 (Neural Networks)을 사용합니다. 이 신경망은 많은 계층과 노드로 구성되어 있어서, 복잡하고 추상적인 개념까지 학습할 수 있습니다.

기계학습(Machine Learning)과 딥러닝(Deep Learning)에 대해서 좀 더 자세히 알아보겠습니다.

머신러닝(Machine Learning)이란?

머신러닝(Machine Learning)은 컴퓨터가 데이터를 통해 스스로 학습하고, 그 결과를 통해 예측이나 결정을 내리게 하는 인공지능의 성능을 향상시킬 수 있도록 알고리즘과 기술을 개발하는 분야입니다.

이해를 돕기 위해 일상적인 예를 들어 설명해 드리겠습니다.

1 데이터를 통한 학습: 생각해보세요, 아이가 자전거를 배우는 것과 같습니다. 처음에는 넘어지고 흔들리지만, 시간이 지나면서 더 잘 탈 수 있게 됩니다. 이처럼 기계학습에서 컴퓨터는 많은 '데이터'를 통해 학습합니다.
예를 들어, 위에서 예를 든것처럼 수천 개의 고양이 사진을 보여주면서 '이것은 고양이야'라고 알려주는 것입니다.

2 패턴 인식: 컴퓨터는 이 데이터를 분석하여 패턴을 찾습니다. 고양이 사진에서 귀, 눈, 털의 모양 같은 특징들을 인식하게 되는 것입니다. 이런 패턴 인식은 단순한 이미지 분류 뿐만 아니라, 언어 번역, 음성 인식 등 다양한 분야에서 사용됩니다.

3 모델 학습: 이 과정에서 컴퓨터는 '모델'을 만듭니다. 모델은 데이터에서 학습한 패턴을 기반으로 새로운 데이터에 대해 예측하거나 결정을 내리는 데 사용됩니다. 예를 들어, 이전에 본 고양이 사진들을 바탕으로 새로운 사진 속 동물이 고양이인지 아닌지를 판단할 수 있게 되는 것입니다.

4 예측과 의사결정: 학습된 모델은 새로운 데이터에 적용되어 예측이나 의사결정을 합니다.
예를 들어, 이메일 스팸 필터는 수많은 이메일 데이터를 학습하여 어떤 이메일이 스팸인지 아닌지를 판별하게 됩니다.

5 지속적인 학습과 개선: 머신러닝은 지속적인 과정입니다. 새로운 데이터가 모델에 지속적으로 제공되면서, 모델은 더욱 정확하고 효율적으로 발전하게 됩니다.

간단히 말해서, 머신러닝은 컴퓨터에게 사람처럼 학습하는 능력을 주는 것입니다. 이를 통해 컴퓨터는 패턴을 인식하고, 예측하며, 결정을 내릴 수 있게 됩니다. 이 기술은 의료, 금융, 교육, 교통 등 우리 생활의 많은 부분에 이미 적용되고 있으며 앞으로 더 많은 분야에서 중요한 역할을 하게 될 것입니다.

딥러닝(Deep Learning)이란?

딥러닝(Deep Learning)은 인공지능의 한 분야로, 인간의 뉴런과 비슷한 방식으로 심층 인공 신경 망을 기반으로 학습 방식을 구현하는 머신러닝 기술입니다.

이를 더 쉽게 이해하기 위해 몇 가지 핵심 요소와 일상적인 예를 들어 설명해 드리겠습니다.

1 인공 신경망 (Artificial Neural Networks): 딥러닝의 핵심은 '인공 신경망'입니다. 이는 인간의 뇌에 있는 신경세포(뉴런)들이 서로 정보를 주고받는 방식을 모방한 것입니다. 각 '노드'는 뉴런처럼 작동하며, 여러 층(layer)으로 구성되어 있습니다.

2 층의 중요성: 딥러닝에서 '깊다(deep)'는 것은 이러한 층이 많다는 의미입니다. 각 층은 다양한 특징을 학습하는데, 예를 들어 이미지를 인식하는 경우, 첫 번째 층은 가장자리 같은 간단한 특징을, 더 깊은 층은 객체의 형태나 복잡한 패턴을 학습합니다.

3 학습 과정: 딥러닝 모델은 대량의 데이터를 통해 학습합니다. 예를 들어, 고양이와 개의 사진을 수천 장 학습시키면, 모델은 고양이와 개를 구분하는 특징을 스스로 학습하게 됩니다. 이 과정에서 각 노드는 특정 특징에 반응하도록 조정됩니다.

4 자동 특징 추출: 전통적인 기계학습 모델과 달리, 딥러닝은 스스로 필요한 특징을 추출합니다. 즉, 고양이의 귀, 눈, 털의 모양 등을 스스로 학습하여 인식합니다.

5 다양한 응용: 딥러닝은 이미지와 음성 인식, 자연어 처리, 게임 플레이 등 다양한 분야에서 사용됩니다. 예를 들어, 페이스북의 얼굴 인식, 구글 번역기, 시리와 같은 음성 인식 시스템 등이 이 기술을 활용하고 있습니다.

딥러닝은 그 능력으로 인해 많은 기술적 발전을 이끌고 있습니다. 하지만, 많은 데이터와 강력한 컴퓨팅 파워를 요구하며, 때때로 '블랙 박스'처럼 어떻게 결정이 내려지는지 명확하지 않을 수 있습니다. 그럼에도 불구하고, 이 기술은 계속해서 발전하고 있으며, 우리의 일상생활과 산업에 큰 변화를 가져오고 있습니다.

Ai의 윤리적 문제

AI는 우리 삶에 다양한 방식으로 활용되고 있습니다. AI는 우리의 삶을 더욱 편리하고 안전하게 만들어줄 수 있는 잠재력을 가지고 있지만, 그와 함께 윤리적 문제도 제기되고 있습니다.

AI의 윤리적 문제는 크게 다음과 같이 세 가지로 분류할 수 있습니다.

1. 개인정보 보호

AI는 많은 양의 개인정보를 수집하고 처리합니다. 이 개인정보는 얼굴 인식, 음성 인식, 위치 추적 등의 용도로 사용될 수 있습니다. 이러한 개인정보가 유출되거나 악용될 경우, 피해자는 심각한 피해를 입을 수 있습니다.

예를 들어, 얼굴 인식 기술을 사용하는 AI 시스템이 개인의 얼굴 정보를 유출할 경우, 그 개인은 범죄의 피해자가 되거나, 불이익을 받을 수 있습니다. 또한, 음성 인식 기술을 사용하는 AI 시스템이 개인의 음성 정보를 유출할 경우, 그 개인은 사생활 침해를 당하거나, 신분 도용의 피해자가 될 수 있습니다.

2. 차별

AI는 학습 데이터에 내재된 편향을 반영할 수 있습니다. 이로 인해 특정 집단에 대한 차별이 발생할 수 있습니다.

예를 들어, AI를 사용하여 채용 심사를 하는 경우, 학습 데이터에 남성에 대한 편향이 있다면, 남성 지원자에게 유리한 결과가 나올 수 있습니다. 또한, AI를 사용하여 범죄자를 예측하는 경우, 학습 데이터에 특정 인종에 대한 편향이 있다면, 그 인종에 속한 사람들이 부당한 피해를 입을 수 있습니다.

3. 책임 소재

AI는 인간의 개입 없이 스스로 판단하고 행동할 수 있습니다. 이로 인해 AI 시스템의 오류나 피해에 대한 책임 소재가 불분명해질 수 있습니다.

예를 들어, 자율주행 자동차가 사고를 낸 경우, 그 사고에 대한 책임은 누구에게 있는 것일까요? 자율주행 자동차의 제조사일까요? 아니면, 자율주행 자동차의 소유주일까요?

이러한 책임 소재에 대한 명확한 규정이 없기 때문에, 사고 피해자는 제대로 된 보상을 받지 못할 수도 있습니다.

Ai 역기능 예방 서비스

AI 역기능 예방 서비스는 AI 시스템의 윤리적 문제를 예방하기 위한 서비스입니다. 이러한 서비스는 AI 시스템의 개발, 구축, 운영, 활용 등 모든 단계에서 제공될 수 있습니다.

AI 역기능 예방 서비스는 크게 다음과 같이 기술적 서비스, 교육적 서비스, 제도적 서비스 세 가지로 분류할 수 있습니다.

 첫번째 기술적 서비스

기술적 서비스는 AI 시스템의 개발, 구축, 운영 과정에서 발생할 수 있는 기술적 문제를 예방하기 위한 서비스입니다. 이러한 서비스는 **개인정보 보호 기술, 편향 방지 기술, 책임 소재 명확화 기술**과 같은 방법을 통해 제공될 수 있습니다.

■ 개인정보 보호 기술

AI 시스템이 수집하고 처리하는 개인정보의 범위를 최소화하고, 개인정보의 안전한 보호를 위한 기술을 개발합니다.

● 개인정보 보호 기술 적용사례

① 암호화

- **예시:** 데이터 암호화는 개인정보를 저장하거나 전송할 때 사용되는 기본적인 기술입니다. 예를 들어, 민감한 사용자 데이터를 클라우드에 저장할 때, 이를 암호화하여 외부의 불법적 접근으로부터 보호합니다.

- **적용 사례:** 은행이나 금융 기관에서 고객의 금융 정보를 암호화하여 저장하고 관리하는 것이 대표적인 예입니다.

② 데이터 마스킹

- **예시:** 데이터 마스킹은 실제 데이터의 일부를 가리거나 대체하는 기술로, 주로 데이터베이스에서 사용됩니다. 예를 들어, 고객의 이름이나 주소와 같은 개인 정보를 일부 문자로 대체하여 보여줍니다.

- **적용 사례:** 온라인 쇼핑몰에서 주문 내역을 확인할 때, 고객의 전체 이름이 아닌 일부만 표시하는 것이 이 기술의 사례입니다.

③ 차등 프라이버시 (Differential Privacy)

- **예시:** 차등 프라이버시는 데이터 세트에서 개인을 식별할 수 없도록 하는 기술로, 통계적 방법을 사용하여 개인 데이터의 익명성을 유지합니다.

- **적용 사례:** 구글이나 애플 같은 대형 기술 기업이 사용자 데이터를 수집하고 처리할 때, 개인을 식별할 수 없도록 차등 프라이버시 기술을 사용합니다.

2 편향 방지 기술

AI 시스템의 학습 데이터에 내재된 편향을 최소화하기 위한 기술을 개발합니다.

● 편향방지 기술 적용사례

① 대표성 있는 데이터 세트

- **예시:** AI 시스템을 훈련시킬 때 사용되는 데이터 세트에 다양한 인구 집단이 골고루 포함되어 있어야 합니다. 이는 데이터 세트 내의 편향을 최소화하는 데 도움이 됩니다.

- **적용 사례:** 인공지능 기반의 채용 시스템을 개발할 때, 다양한 인종과 성별의 지원자 데이터를 포함시켜 편향을 줄이는 것입니다.

② 알고리즘 감사

- **예시:** AI 시스템의 결정 과정을 정기적으로 검토하여 편향이 있는지 확인하는 과정입니다.

- **적용 사례:** AI 기반 신용 평가 시스템에서 특정 인종이나 성별에 대해 불리한 결정을 내리는지 여부를 검토하는 것입니다.

③ 편향 감지 및 수정 알고리즘

- **예시:** 기계 학습 알고리즘에서 편향을 자동으로 탐지하고 수정하는 기술입니다.

- **적용 사례:** 얼굴 인식 기술에서 다양한 인종의 얼굴을 정확하게 인식하기 위해 편향을 수정하는 알고리즘을 적용하는 것입니다.

3 책임 소재 명확화 기술

AI 시스템의 오류나 피해에 대한 책임 소재를 명확히 하는 기술을 개발합니다.

● 책임 소재 명확화 기술 적용사례

① 설명 가능한 AI (Explainable AI, XAI)

- **예시:** 설명 가능한 AI는 AI의 의사결정 과정을 사람이 이해할 수 있도록 만드는 기술입니다. 이는 AI가 어떤 데이터를 기반으로 결정을 내렸는지, 어떤 알고리즘을 사용했는지를 명확하게 설명할 수 있어야 합니다.

- **적용 사례 1: ●** 의료 분야 - AI가 환자의 진단이나 치료 계획을 제안할 때, 의사가 AI의 결정을 이해하고, 필요한 경우 조정할 수 있어야 합니다. 예를 들어, AI가 특정 암의 치료법을 제안할 때, 그 결정이 왜 이루어졌는지를 의사가 이해할 수 있어야 합니다.

- **적용 사례 2: ●** 금융 서비스 - AI가 신용 평가나 대출 승인 결정을 내릴 때, 해당 결정이 어떤 데이터와 알고리즘에 기반했는지 고객에게 설명할 수 있어야 합니다. 이는 고객이 자신의 신용 평가에 대해 의문을 제기할 때 중요합니다.

② 책임 추적 시스템

- **예시:** 책임 추적 시스템은 AI 시스템 내에서 각 결정과 행동에 대한 책임을 추적하고 기록하는 기술입니다. 이는 AI의 결정 과정을 감사할 수 있는 기록을 남김으로써, 문제 발생 시 책임 소재를 명확히 합니다.

- **적용 사례:** ●**자율주행차** - 자율주행차가 사고를 일으켰을 때, 차량의 AI 시스템이 어떤 결정을 내렸는지, 왜 그런 결정을 내렸는지를 추적할 수 있어야 합니다. 이를 통해 사고의 원인 분석과 책임 소재를 명확히 할 수 있습니다.

③ AI 감사 및 인증 프로토콜

- **예시:** AI 감사 및 인증 프로토콜은 AI 시스템이 특정 윤리적, 법적 기준에 부합하는지를 정기적으로 검토하고 인증하는 절차입니다.

- **적용 사례:** ●**정부 규제** - 정부나 규제 기관이 AI 시스템을 검토하여, 그 시스템이 사회적, 법적 기준을 준수하는지 확인합니다. 예를 들어, AI 기반의 고용 추천 시스템이 차별적이지 않고 공정한지를 평가하는 것이 해당됩니다.

교육적 서비스는 AI 시스템의 개발자, 운영자, 사용자 등에게 AI의 윤리적 문제를 교육하기 위한 서비스입니다.

이러한 서비스는 다음과 같은 방법을 통해 제공될 수 있습니다.

1 AI 윤리 교육

● **개념** | 이 교육은 AI를 사용하거나 개발하는 사람들에게 AI가 가져올 수 있는 윤리적 문제에 대해 가르치는 것입니다. 예를 들어, AI가 개인정보를 어떻게 다루어야 하는지, AI가 사람들에게 어떤 영향을 미칠 수 있는지 등에 대한 이해를 높이는 것입니다.

● **중요성** | AI가 우리 삶의 많은 부분에 사용되기 때문에, 이 기술이 올바르게 사용되도록 하는 것이 중요합니다. 윤리 교육은 AI가 사람들에게 해를 끼치지 않고, 공정하게 작동하도록 하는 데 도움을 줍니다.

2 AI 윤리 설계

● **개념** | 이것은 AI 시스템을 만드는 과정에서 윤리적인 고려를 통합하는 방법을 가르치는 것입니다. 즉, AI가 사람들에게 어떤 영향을 미칠지, 어떻게 공정하게 행동할 수 있는지를 고려하여 설계하는 방법입니다.

● **중요성** | AI를 만드는 단계에서부터 윤리적인 고려를 함으로써, 나중에 발생할 수 있는 문제를 미연에 방지할 수 있습니다. 예를 들어, AI가 특정 그룹에 편향되지 않도록 만드는 것이 여기에 해당합니다.

3 AI 윤리 평가

● **개념** | 이 교육은 AI가 실제로 사용되는 과정에서 그 윤리적 측면을 평가하는 방법을 가르치는 것입니다. 예를 들어, AI가 어떤 결정을 내리고, 그 결정이 모든 사람에게 공정한지 평가하는 것입니다.

● **중요성** | AI가 계속해서 윤리적으로 적절하게 작동하고 있는지 확인하는 것은 중요합니다. 시간이 지나면서 AI가 부정적인 방향으로 변할 수도 있기 때문에, 지속적인 윤리 평가는 필수적입니다.

세번째_ 제도적 서비스

제도적 서비스는 AI 시스템의 개발, 구축, 운영, 활용을 규제하는 법적, 제도적 장치를 마련하기 위한 서비스입니다. 이러한 서비스는 다음과 같은 방법을 통해 제공될 수 있습니다.

1 법률 제정

● **개념** 이것은 AI와 관련된 활동을 규제하기 위해 새로운 법률을 만드는 것을 의미합니다. 이 법률은 AI가 어떻게 개발되고 사용되어야 하는지에 대한 규칙을 설정합니다.

● **중요성** AI 기술은 매우 빠르게 발전하고 있고, 이에 따른 다양한 윤리적, 사회적 문제가 발생할 수 있습니다. 법률을 통해 이러한 문제를 예방하고, AI가 안전하고 책임감 있게 사용되도록 보장하는 것이 중요합니다. 예를 들어, 개인정보 보호나 AI 결정에 대한 책임 소재를 명확히 하는 법률이 여기에 해당됩니다.

2 규정 마련

● **개념** 이것은 AI 기술의 개발 및 사용과 관련된 구체적인 규칙이나 지침을 설정하는 것입니다. 법률이 더 넓은 범위의 규칙을 제공한다면, 규정은 보다 세부적인 사항들을 다룹니다.

● **중요성** 규정은 AI 개발자와 사용자가 따라야 할 구체적인 지침을 제공합니다. 이를 통해 AI가 예측 가능하고 일관된 방식으로 사용될 수 있도록 합니다. 예를 들어, AI를 이용한 데이터 처리 방법이나, 사용자의 개인정보를 어떻게 보호할지에 대한 세부 규칙 등이 있습니다.

3 인증제도 도입

● **개념** 이것은 AI 시스템이 특정 윤리적 기준이나 규정을 준수하고 있는지를 평가하고, 그 결과에 따라 인증을 부여하는 제도입니다.

● **중요성** 인증제도는 AI 시스템이 안전하고 윤리적으로 적절하게 작동하고 있는지 확인하는 데 도움을 줍니다. 인증을 받은 AI 시스템은 사용자들에게 더 신뢰받을 수 있으며, 윤리적으로 책임 있는 AI 개발을 장려하는 역할을 합니다. 예를 들어, 특정 기준을 충족하는 AI 시스템에만 '윤리적 AI 인증 마크'를 부여하는 것이 해당됩니다.

Ai 윤리 인식제고

AI 윤리 인식제고를 위해서는 교육, 홍보, 제도적 장치 마련과 같은 방안이 필요합니다.

 교육

1 학교에서의 교육: 학생들에게 AI 윤리를 가르칠 때, 현실 세계에서 AI가 어떻게 사용되고 있는지에 대한 구체적인 예시를 포함하는 것이 중요합니다.

예를 들어, 소셜 미디어에시의 AI 사용, 자율주행차의 도입 등 실제 사례를 들어 설명하면 학생들이 AI 윤리의 중요성을 더 잘 이해할 수 있습니다.

2 기업에서의 교육: 직원들에게 AI 윤리 교육을 할 때, 실제 직무와 관련된 윤리적 상황을 시뮬레이션하는 것이 도움이 됩니다.

예를 들어, 데이터 분석가들에게 어떻게 데이터를 책임감 있게 처리할 것인지, 소프트웨어 엔지니어들에게는 공정한 알고리즘 설계의 중요성을 가르치는 것입니다.

3 정부에서의 교육: 정부는 국민들에게 AI 윤리 정책을 알릴 때, 일상생활에서 AI가 어떤 영향을 끼칠 수 있는지 구체적인 예를 들어 설명하는 것이 좋습니다.

이를 통해 정책의 필요성과 영향을 더 잘 이해할 수 있습니다.

 홍보

홍보 전략에서는 AI 윤리가 일반인의 일상에 어떤 영향을 끼치는지 강조하는 것이 중요합니다. 예를 들어, AI가 어떻게 개인의 개인정보를 보호하고, 일자리에 어떤 영향을 끼치는지 등을 쉽게 설명하는 내용을 포함할 수 있습니다.

또한, 실생활 사례를 들어 AI 윤리의 중요성을 강조하는 스토리텔링 방식을 사용하면, 사람들이 더 쉽게 관심을 가지고 이해할 수 있습니다.

 제도적 장치 마련

법률, 규정, 인증제도와 같은 제도적 장치를 설명할 때는, 이러한 장치가 왜 필요한지와 이들이 일반인의 생활에 어떤 긍정적인 영향을 끼치는지를 강조하는 것이 중요합니다. 예를 들어, 인증제도가 어떻게 소비자들에게 더 안전하고 신뢰할 수 있는 AI 제품을 보장하는지 설명할 수 있습니다. 전반적으로, AI 윤리에 대한 교육과 홍보는 구체적인 예시와 실생활 연결점을 강조하며, 복잡한 개념을 쉽고 이해하기 쉬운 언어로 전달하는 것이 중요합니다. 이를 통해 일반인들이 AI 윤리의 중요성을 더 잘 인식하고, 관련 정책과 기술에 대해 더 적극적으로 참여할 수 있습니다.

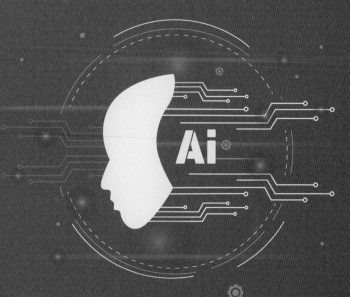

2강 | 챗GPT(ChatGPT) 사용법

챗GPT(ChatGPT)를 사용하려면 먼저 회원 가입을 해야 합니다. 구글 등 검색창에서 검색 키워드 ① [**챗GPT 또는 ChatGPT**]를 검색합니다. 가능하면 챗GPT에 가장 최적화된 브라우저인 크롬 사용을 권장합니다.

구글에서 크롬 브라우저를 연 다음 챗GPT를 검색하고 맨 앞에 나오는 OpenAI 사이트인 아래 화면의 ② [**ChatGPT**] 홈페이지(**https://chat.openai.com**)를 클릭하여 접속합니다.

② [**ChatGPT**] 홈페이지에 접속한 후 회원이 아닌 경우 회원 가입을 위해 ③ [**Sign up**] 버튼을 클릭하도록 합니다. ChatGPT 회원인 경우에는 ④ [**Log in**]버튼을 클릭하여 계정에 로그인 하도록 합니다.

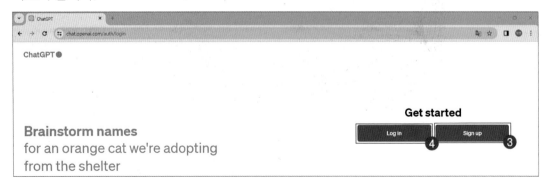

Create your account(계정 만들기) 화면에서 ⑤ [**이메일 주소(Email address)**]란에 사용할 이메일 주소를 입력한 다음 ⑥ [**계속(Continue)**] 버튼을 클릭하도록 합니다.

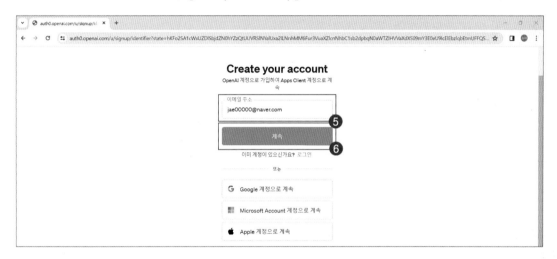

이메일 주소를 입력한 후 ⑦ [**비밀번호**]를 입력해야 하는데 비밀번호는 최소 12자리 문자가 되도록 해야 합니다. 그리고 ⑧ [**계속(Continue)**] 버튼을 클릭하여 이메일을 인증해야 합니다. 인증은 내가 정한 이메일 계정으로 가서 인증 버튼(Verify email address)을 눌러 이메일을 인증해야 합니다.

⑨ [**내가 정한 이메일 계정**]으로 인증 메일이 오면 인증 메일을 클릭합니다.

챗GPT(ChatGPT) 구글 계정 회원 가입(연동) 방법

챗GPT 가입시 구글 계정은 대부분 가입되어 있어 구글 계정이 있는 경우 구글 계정으로 가입하는 것이 가장 빠르고 편리하며, 구글 계정 회원 가입 방법은 먼저 ① [ChatGPT]를 클릭합니다.

① [ChatGPT] 홈페이지에 접속한 후 회원 가입을 위해 Get started에서 Log in과 Sign up 중에서 ② [Sign up] 버튼을 클릭하도록 합니다.

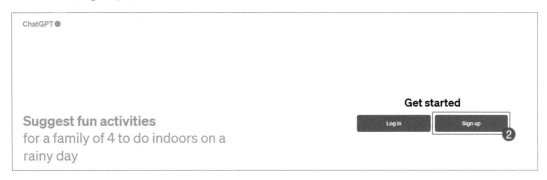

Create your account(계정 만들기) 화면에서 ③ [Google 계정으로 계속] 버튼을 클릭하도록 합니다.

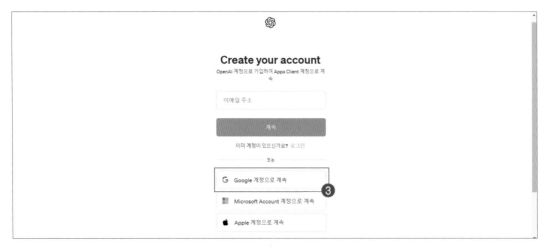

구글 계정으로 로그인 화면에서 본인 계정 ④ [**구글 계정(메일)**]을 클릭합니다.

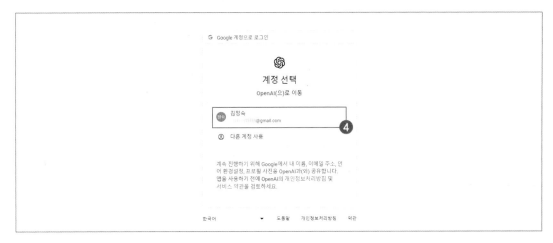

Tell about you 화면에서 ⑤ [**Birthday(생년월일)**]를 입력하고 난 후 ⑥ [**Agree(동의)**]를 클릭하도록 합니다.

⑥ [**Agree(동의)**] 후 가입이 완료되면 다음과 같은 ⑦ [**메시지**]가 나타납니다. 첫 번째 Ask away(질문하기), 둘째 Don't share sensitive info(민감한 정보 공유하지 않기), 셋째 Check your facts(사실 확인)이 있습니다. 메시지 확인 후 ⑧ [**Okay, let's go**]를 클릭하도록 합니다.

구글 계정으로 회원가입이 완료된 후 챗GPT 홈페이지 메인화면에 들어오면 왼쪽에는 ① [**검정색 사이드 메뉴**]가 있고 오른쪽에는 채팅을 입력할 수 있는 ② [**프롬프트(prompt)메인화면**]이 있습니다. 프롬프트는 챗GPT에서 특정한 작업 수행을 위한 질문이나 지시를 주는 문장이나 단어입니다.

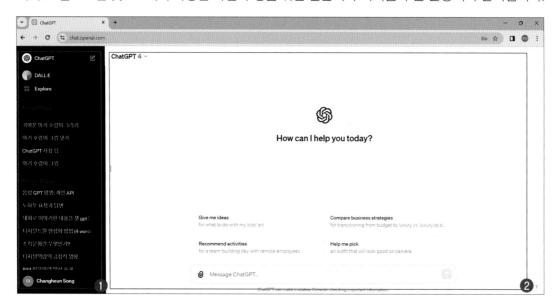

왼쪽에 있는 사이드 메뉴 위쪽에는 새 채팅 할 때 사용하는 ③ [**New Chat**] 버튼이 있습니다.

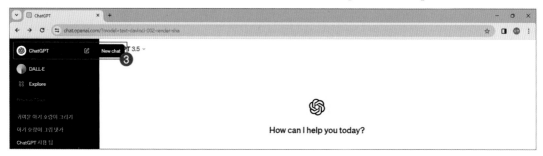

챗GPT 메인화면 왼쪽 위에 기본으로 설정되어있는 ④ [**ChatGPT 3.5**]를 클릭하면 GPT-3.5와 GPT-4.0으로 구분되는데 GPT-3.5는 무료 버전으로 일상적인 작업에 적합하며 GPT-4는 유료 버전으로 DALL-E, 브라우징, 고급 데이터 분석 등이 가능한 모델입니다. GPT-4 유료 버전에 가입할 경우에는 ⑤ [**Upgrade to Plus**] 버튼을 클릭합니다.

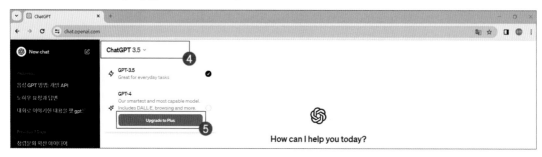

⑤ [Upgrade to Plus] 버튼을 클릭하면 ⑥ [Free(무료)] 버전과 ⑦ [Plus(플러스)] 유료 버전에 대한 팝업창이 뜹니다. ⑦ [Plus(플러스)] 유료 버전의 경우 더 높은 수준도 가능하고 응답속도도 더 빠르고 새로운 기능을 경험할 수 있다는 안내 내용입니다. 4.0 버전은 월 20달러(US$20.00, 세금 포함시 US$22.00), 한화로 약 3만원 정도의 사용료를 내야 합니다. 또한, 2024년 1월 10일부터 챗GPT ⑧ [Team(팀)]이라는 새로운 서비스를 출시하였습니다. 150명 미만의 중소기업 및 조직을 위한 챗GPT 플랜인 챗GPT 팀은 월 25달러(US$25.00, 세금 포함시 US$27.50), 한화로 약 3.6만원 정도의 사용료를 내야 합니다.

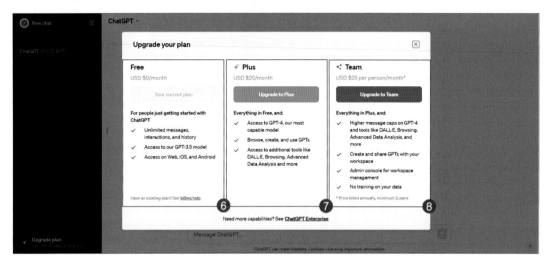

유로 버전 가입을 위해서는 개인과 팀이 있는데 개인으로 가입하는 경우 ⑨ [Upgrade to Plan (요금제로 업그레이드)] 버튼을 클릭하도록 합니다. 클릭하면 결제 화면으로 넘어갑니다.

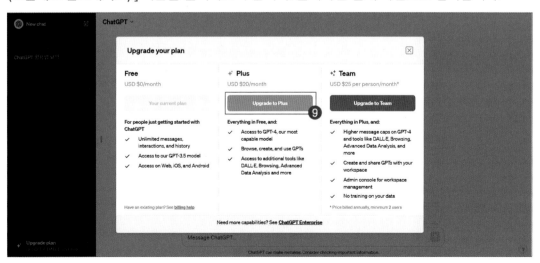

Tip	**(Plus)** 개인(월 20달러 : US$20.00, 세금 포함시 US$22.00)
	(Team) 150명 미만의 중소기업(월 25달러 : US$25.00, 세금 포함시 US$27.50)

① 결제 화면으로 넘어오면 ChatGPT 4 유료 버전 전환을 위해 아래와 같이 ① [**연락처 정보**] 등을 입력하도록 합니다. 카드 정보 입력시 반드시 VISA 등 사용 가능한 카드 인지 여부를 확인 해야 합니다.

연락처 정보 등을 입력 다음에는 ② [**체크 박스**]를 체크하고 난 후 ③ [**구독하기**]를 클릭합니다. 다만, 비즈니스 박스는 체크하지 않습니다.

③ [**구독하기**]를 체크하고 나면 ④ [**Payment successful(결제 성공)**]이라는 메시지와 함께 You've been upgraded to ChatGPT Plus(ChatGPT Plus로 업그레이드 되었습니다.) 메세지가 나타납니다. 결제가 완료되면 ⑤ [**Continue(계속하기)**]를 클릭하도록 합니다.

결제 완료 후 아래 ChatGPT 화면이 나타나면 유료 버전 전환을 위하여 ⑥ [ChatGPT 3.5]를 클릭하고 난 후 GPT-3.5를 ⑦ [GPT-4]로 체크하도록 합니다. ChatGPT-4는 현재 사용 제한이 있으며 3시간당 40개까지만 질문할 수 있습니다.

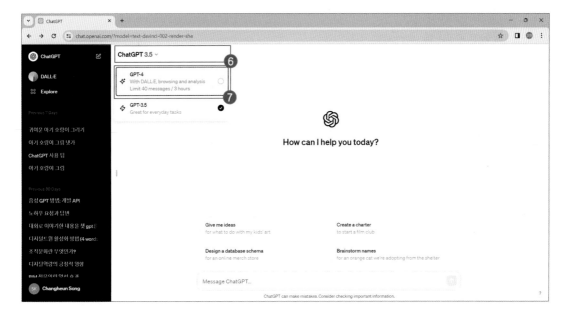

⑧ [ChatGPT 4]에서는 DALL-E AI 그림 생성 기능과 실시간 웹 검색 기능, 고급 데이터 분석 등 다양한 기능을 사용할 수 있습니다. DALL-E AI 그림 생성 기능 등을 활용하기 위해서는 맨 아래쪽 ⑨ [본인 계정]을 클릭합니다. 클릭하면 ⑩ [My plan, My GPTs, Custom instructions, Settings & Beta, Log out] 등 5가지 메뉴가 나타납니다.

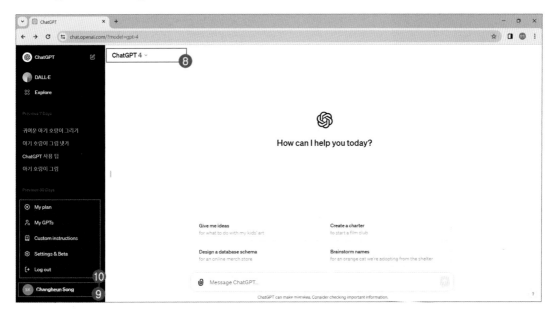

My plan 사용법

챗GPT 화면에서 왼쪽 하부 ① [본인 계정]을 클릭하면 My plan, My GPTs, Custom insteuctions, Settings & Beta, Log out이 있으며, ② [**My plan**]을 클릭하면 Upgrade your plan 화면으로 넘어갑니다.

③ [**Upgrade your plan**] 화면으로 넘어오면 유료인 Plus와 Team 회원에 대해 자세히 설명되어 있습니다. 챗GPT 메인화면으로 넘어가기 위해서는 ④ [**박스**]를 클릭하면 됩니다.

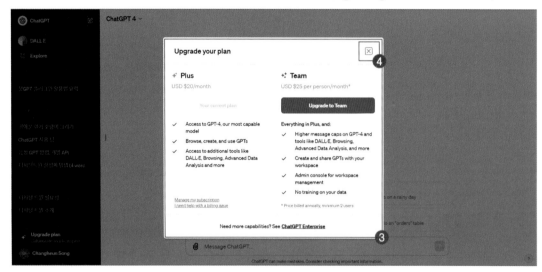

④ [**박스**]를 클릭하면 ⑤ [**ChatGPT**] 프롬프트(prompt) 화면으로 넘어오게 됩니다.

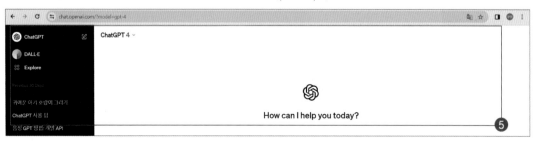

My GPTs 사용법

맞춤형 GPTs는 기본적으로 사용자의 특정 요구사항과 맥락에 맞추어진 AI 모델입니다. 기존의 일반적인 GPT 모델과 다르게 특정 분야 전문 지식이나 특정 언어 스타일, 개인 취향에 맞추어 훈련될 수 있습니다. 챗GPT 화면에서 왼쪽 하부 ① [본인 계정]을 클릭 후 ② [My GPTs]를 클릭하면 맞춤형 GPT 화면으로 넘어갑니다.

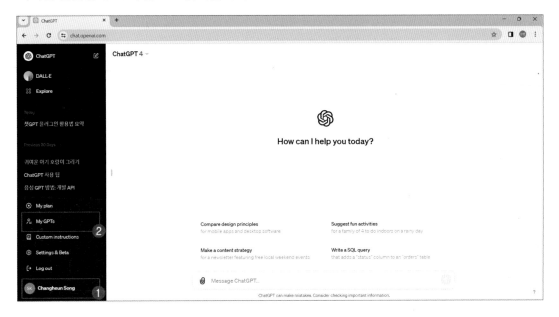

③ [My GPTs] 화면에는 DALL-E, Data Analyst (데이터 분석가), Hot Mods, Creative Writing Coach(크리에이티브 글쓰기 코치) 등 다양한 모델들이 있습니다.

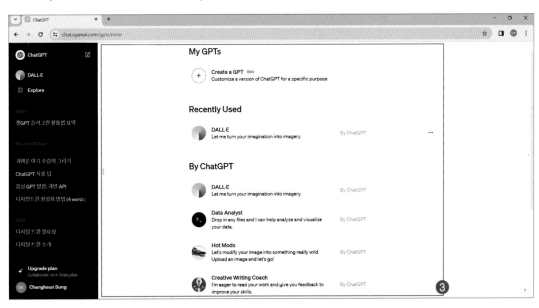

Custom instructions(사용자 지정 지침)

챗GPT의 Custom instructions 기능은 사용자가 한 번 설정하게 되면 모든 대화에 적용되는 사용자의 선호나 요구사항을 반영하는 기능입니다. 이를 통해 사용자는 매번 선호하는 사항을 반복적으로 언급할 필요 없이 특정 주제나 형식에 맞는 응답을 받을 수 있으며, 대화의 효율성을 높이고 응답시간을 단축하는데 도움이 됩니다. 사용하는 방법은 먼저 ① [본인 계정]을 클릭하고 ② [Custom instructions]을 클릭하도록 합니다.

③ [Introducing Custom Instructions(사용자 지정 지침 소개)]에서는 채팅에 대한 구체적인 세부사항과 가이드라인을 제공하여 ChatGPT와의 상호작용을 맞춤 설정하라는 등 지침에 대한 내용을 설명하고 있으며, ④ [OK]를 클릭하면 Custom instructions(사용자 지정 지침) 화면으로 전환됩니다.

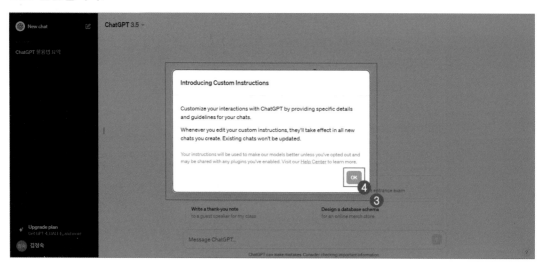

Custom instructions(사용자 지정 지침)는 사용자 지향적인 대화를 위한 지침을 설정하는 기능입니다. 사용자의 특정 직업이나 역할(연구원, 교사, 교수, 컨설턴트 등) 등의 정보를 제공하고 사용자는 선호하는 응답 형식, 스타일 등을 설정하여 챗GPT의 응답을 원하는 방식으로 제어할 수 있습니다 ⑤ [첫 번째 칸]에는 사용자가 자신에 대한 정보를 챗GPT에 제공할 수 있습니다.

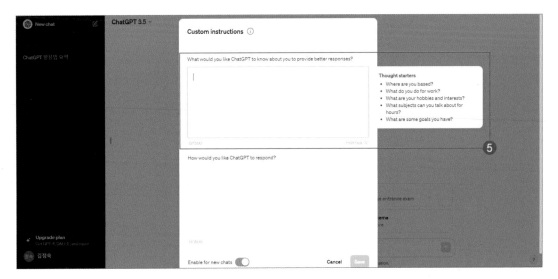

⑥ [두 번째 칸]은 챗GPT의 응답 방식을 맞춤화합니다. 응답 형식은 사용자가 정보를 리스트, 표, 요약, 상세 설명 등의 형태로 받기를 지정할 수 있으며, 상세 수준은 간략한 요약 또는 자세한 설명 중 어떤 것을 선호하는지 명시할 수 있습니다. ⑦ [Enable for new chats]은 새 채팅 사용 설정이며, ⑧ [Cancel]은 채팅 취소 버튼, ⑨ [Save]는 채팅 저장 버튼입니다. Custom instructions은 한 개만 저장할 수 있습니다.

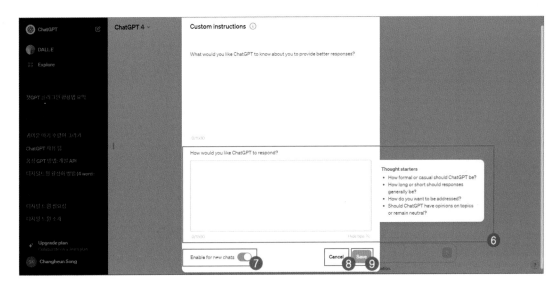

다음은 Custom instructions 예시입니다.

① [중소기업 기술 정책담당자]라는 사용자 정보에 대해 작성하였습니다.

② [사용자가 원하는 응답 방식]에 대해 자세히 작성하였습니다.

③ [새 채팅 사용 설정] 하도록 합니다.

④ [저장] 버튼을 클릭합니다.

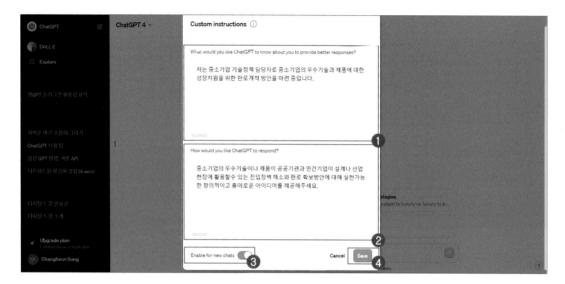

챗GPT 화면에서 Prompt(프롬프트) 창에서 ⑤ [사용자]가 챗GPT에게 요구사항을 작성하면
⑥ [ChatGPT]는 사용자의 요구사항에 맞는 답변을 제공합니다.

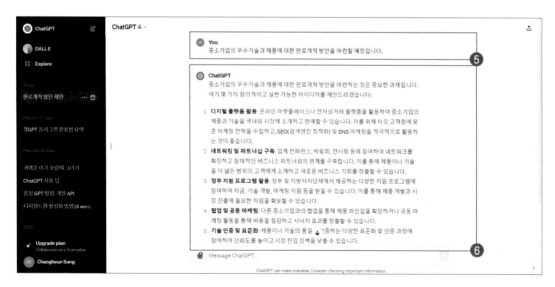

Settings & Beta

나만의 맞춤형 GPT를 만드는 방법으로 먼저 챗GPT의 베타 기능을 활성화하는 설정을 해야 합니다. ① [본인 계정]을 클릭하고 ② [Settings & Beta]을 클릭하도록 합니다.

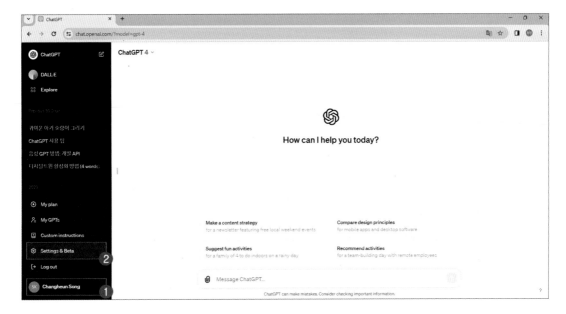

③ [Settings(설정)] 화면창에는 General(일반), Beta features(베타 기능), Data controls(데이터 제어), Builder profile(빌더 프로필) 등 4가지 메뉴가 있으며 무료 버전에서는 General, Data controls 기능만 가능합니다.

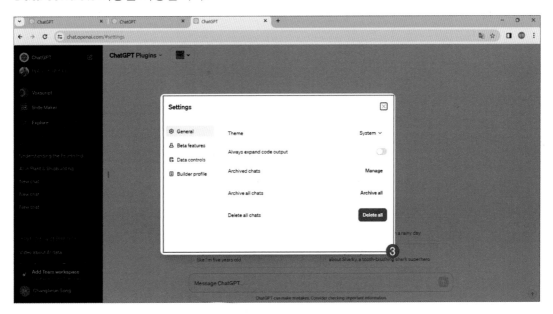

Settings(설정) 화면창에는 ① [General(일반)] 메뉴는 ② [Theme(주제), Always expand code output(항상 코드 출력 확장), Archived chats(보관된 채팅), Archive all chats(모든 채팅 보관), Delete all chats(모든 채팅 삭제)] 가 있습니다.

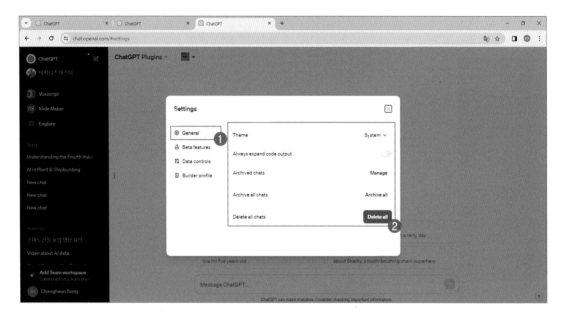

Theme 메뉴에는 ③ [System, Dark, Light]가 있으며 챗GPT 화면의 색상을 Dark나 Light 로 변경하는 기능입니다.

④ [Always expand code output] 메뉴를 사용할 때는 활성화(녹색)로 만들어 주도록 합니다.

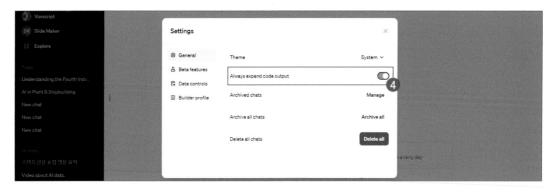

Archived chats 메뉴에는 그동안 채팅한 내용을 볼 수 있으며 채팅 내용을 확인할 경우에는
⑤ [Manage]를 클릭합니다.

Archived chats 창에는 ⑥ [채팅한 내용]을 볼 수 있습니다

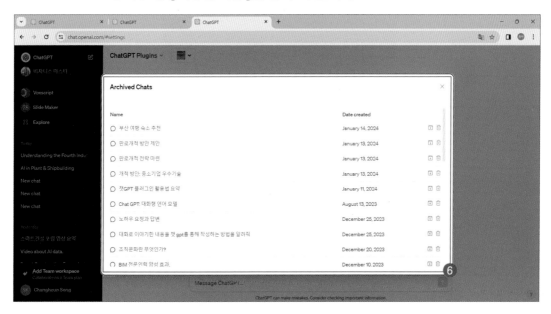

Archive all chats 창에서 ⑦ [**Archive all**]을 클릭하면 모든 대화를 볼 수 있습니다.

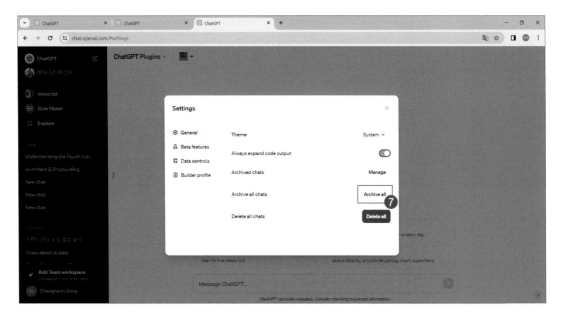

Archive your chat history - are you sure? 창에서는 채팅 기록 보관 여부에 대해 질문하게 되는데 취소는 ⑧ [**Cancel**], 보관 확인은 ⑨ [**Confirm archive**]를 클릭합니다.

Delete all chats 메뉴 창에서 ⑩ [**Delete all**]를 클릭하면 모두 삭제하게 됩니다.

① [Beta features(베타 기능)] 메뉴를 클릭한 후 ② [Plugins]을 활성화(녹색)로 만들어 주도록 합니다. 이렇게 하면 챗GPT의 베타 기능 활성화가 되어 챗GPT 베타 기능 사용 준비가 완료된 상태입니다.

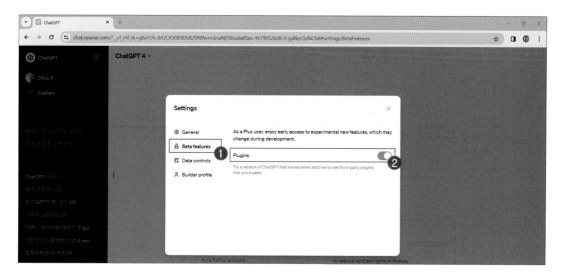

① [Data controls] 메뉴를 클릭하면 ② [Chat History & Training, Shared links, Export data, Delete account] 메뉴항목이 있는데 데이터 컨트롤은 채팅 기록을 끄고 대화를 모델 학습에 사용할지 여부를 쉽게 선택할 수 있는 기능을 제공합니다. 또한 ChatGPT 데이터를 내보내고 계정을 영구적으로 삭제할 수 있는 옵션도 제공합니다.

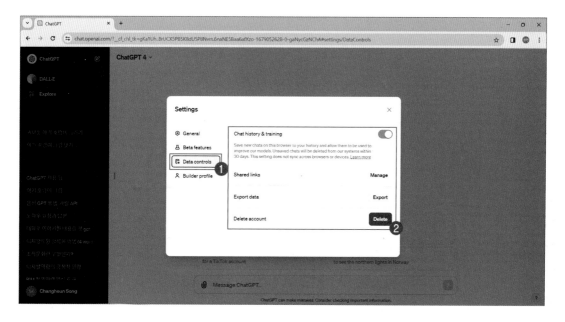

③ [Chat History & Training] 항목을 활성화(녹색)하면 챗GPT와 대화를 하면 대화한 내용이 인공지능 학습에 반영되어, 타인이 유사한 질문을 할 경우 답변으로 제공될 수 있습니다. 대외비 자료인 경우에는 이 영역을 꼭 비활성화해 두고 챗GPT의 학습데이터로 기록되지 않도록 해야 합니다. 비활성화 시 30일 이후 대화 내역이 삭제됩니다.

Shared Links에서 ④ [Manage] 버튼을 클릭하면 Shared links 화면이 나타나며 공유 링크 목록이 나타내며, 각 토론의 출처를 확인하거나 목록에서 모든 링크를 삭제하거나, 개별 공유 링크를 제거할 수 있습니다.

Shared Links 창에서 ⑤ [줄임표(⋯)]를 클릭(Delete all shared links)하여 모든 공유 링크를 한꺼번에 삭제하거나 ⑥ [공유 링크]의 개별 공유 항목의 휴지통 아이콘을 클릭하여 개별 공유 링크를 삭제할 수 있습니다.

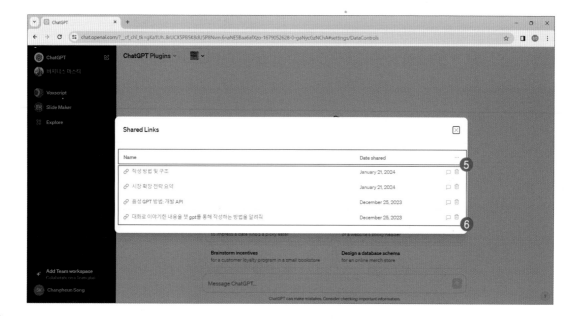

Settings 화면 Data controls 메뉴에서 데이터 내보내기 요청 확인을 위해서는 Export data에서 ⑦ [Export] 버튼을 클릭하도록 합니다.

⑦ [Export 버튼]을 클릭하면 데이터 내보내기 요청에 대해 다음과 같은 질문이 있습니다.

• 계정 세부정보와 대화가 내보내기에 포함됩니다.

• 데이터는 다운로드 가능한 파일로 등록된 이메일로 전송됩니다.

• 다운로드 링크는 받은 후 24시간 후에 만료됩니다.

• 처리하는 데 다소 시간이 걸릴 수 있습니다. 준비가 완료되면 알림을 보내드립니다.
  계속하려면 아래의 '내보내기 확인'을 클릭합니다.

⑧ [Cancel(취소)] 버튼과 ⑨ [Confirm export(내보내기 확인)] 버튼이 있습니다.

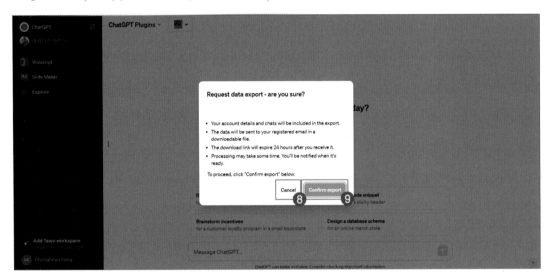

Settings 화면 Data controls 메뉴에서 Delete account(계정 삭제)를 위해서는 ⑩ [Delete]
버튼을 클릭하도록 합니다.

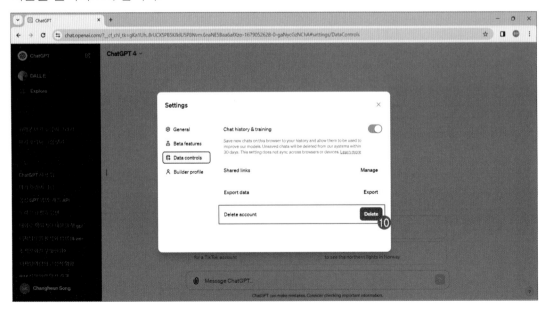

Settings 화면 ① [Builder profile(빌더 프로필)] 메뉴를 클릭하면 빌더 프로필을 개인화하여 GPT의 사용자와 연결하는 등의 메시지가 있으며, ② [Name(사용자 이름)], ③ [Website Select a domain(웹사이트 도메인 선택)], ④ [Receive feedback emails] 이메일 주소 체크박스가 있습니다.

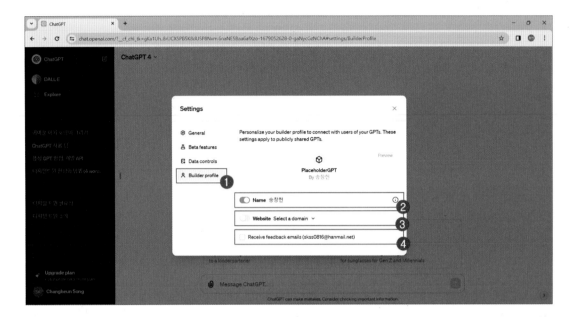

챗GPT 단축키

챗GPT 단축키는 총 8개가 적용되었으며, 단축키는 아래와 같습니다.

내용	단축키	내용	단축키
단축키 목록 보기 (Show chat)	Ctrl + /	명령어 입력창 바로가기 (Focus chat input)	Shift + ESC
새로운 채팅 시작 (Open new chat)	Ctrl + Shift + O	Custom Instructions 설정 (Set costom instructions)	Ctrl + Shift + I
마지막 코드블럭 복사 (Copy last code block)	Ctrl + Shift + ;	사이드바 전환(열기/닫기) (Toggle sidebar)	Ctrl + Shift + S
마지막 답변 복사 (Copy last response)	Ctrl + Shift + C	채팅(대화) 내역 삭제 (Delete chat)	Ctrl + Shift + Backspace

단축기 목록을 볼려면 컴퓨터 키보드에서 ① [Ctrl] + ② [/] 자판을 클릭합니다.

자판을 클릭하면 다음과 같이 Keyboard shortcuts ③ [단축기] 목록표가 나타납니다.

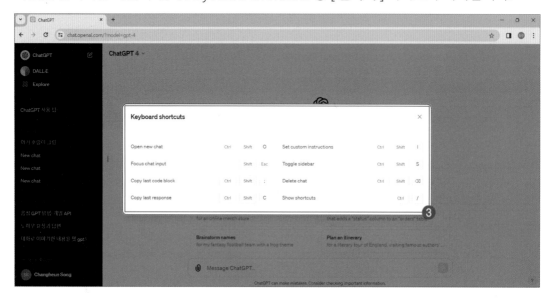

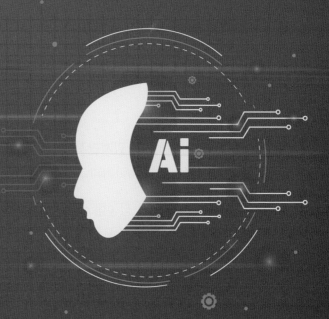

3강 │ 업무효율 극대화를 위한 ChatGPT 프롬프트 활용

3강   업무효율 극대화를 위한 ChatGPT 프롬프트 활용

이 책에서는 OpenAI사에서 운영하는 ChatGPT 서비스 위주로 설명하고자 합니다. 그 이유는 현재 구글 제미나이가 급속도로 성장하고 있지만 그래도 아직은 다양한 측면에서 살펴보면 ChatGPT가 일반인들에게 사용하기 편하고 원하는 정보를 정리하는데 좀 더 편리한 측면이 많아 보이기 때문입니다.

여기서 잠깐 다양한 AI 서비스가 있지만 텍스트 기반 생성형 AI 서비스 중 OpenAI사의 "ChatGPT", 구글의 "제미나이(Gemini)", 네이버의 클로바X(CLOVA X)에 대해서 살펴보도록 하겠습니다.

챗GPT를 필두로 텍스트 기반 생성형 AI 붐이 일어나면서 많은 후발주자도 서비스를 내놓고 있습니다. 현재 좀 더 업그레이드된 구글 제미나이와 국내 비즈니스를 하는 기업이라면 꼭 참고해야 할 네이버 클로바X까지 사용해 보며 각각 장단점에 간략히 알아보겠습니다.

해당 서비스들은 애플리케이션이나 웹상에서 모바일 기능도 지원하지만, PC를 활용해 검색 결과를 분석했습니다.

챗GPT와 제미나이는 이미지 인식 기능을 추가하고 언어이해 처리능력을 높인 유료 버전을 월 2만 9,000원에 제공하고 있습니다. 하지만 모델별 비교를 위한 형평성에 맞게 무료 버전인 GPT 3.5와 제미나이 기본형을 사용했습니다.

같은 선상의 비교를 위해 빅데이터를 기반으로 한 서비스로 했습니다. 챗GPT는 2022년 1월까지, 클로바X는 2023년 8월, 제미나이는 2023년 12월 24일까지 학습된 데이터를 반영해 답변합니다.

챗GPT는 전체적으로 교과서 같은 원론적인 답변을 한다는 느낌을 받을 수 있습니다. 개념 등을 설명할 때는 명확한 답변 내용을 내놓지만, 논쟁적인 부분에 있어서는 답변을 회피하거나 개인의 판단에 맡긴다는 식입니다.

하지만, 사람처럼 대화하면서 내가 원하는 정보물과 결과를 도출하는 데는 다른 서비스들보다도 경쟁우위에 있는 건 사실인 거 같습니다.

그리고 챗GPT는 제미나이, 클로바X와 비교했을 때 비교적 정확한 답변을 내놓는다는 점에서 비교 우위가 있습니다. 챗GPT 3.5는 2022년 1월 이후 데이터가 필요하거나 정확한 설명이 어려울 때 모르겠다거나 최신 내용을 참고해달라고 하는 경향이 있습니다. 반면 제미나이나 클로바X는 사용자의 검색 의도에 맞추기 위해 부정확한 내용이라도 검색 결과에 반영하는 성향을 보입니다.

제미나이는 검색 결과에서 사용자의 검색 의도를 최대한 반영하려는 듯 분석적인 검색 결과가 특징입니다. 질문 내용을 구체적으로 하지 않더라도 관련된 모든 내용을 답변에 담아내려고 노력합니다.

다만 답변 내용의 부정확성이 세 가지 AI 모델 중 가장 두드러진다는 점은 주의가 필요합니다. 데이터가 부족할 때 키워드로 묶인 관련 데이터를 반영하는 듯 잘못된 데이터가 뒤섞여있어 재차 검색을 통해 확인해야만 하는 번거로움이 있기도 합니다. 하지만, 모든 AI 서비스가 내놓는 결과물은 100% 정확한 정보가 아닐 수 있으니 재차 확인해야 하는 것은 필수입니다. 이건 우리가 네이버, 구글, 다음을 검색해서 나오는 결과물들도 재차 확인해야 하는 것과 같은 이치라고 이해하면 좋을 거 같습니다.

클로바X는 네이버가 개발한 생성형 AI인 만큼 국내 관련된 데이터를 상대적으로 상세히 기술한다는 점이 특징입니다. 한글에 기반한 AI 모델이라는 점이 챗GPT, 제미나이와 다릅니다. 한글 사용에서 다른 AI 모델과 비교해 강점이 있고, 영어로 질문하더라도 한글로 답변합니다.

챗GPT와 제미나이는 한글로도 충분히 원하는 검색 결과를 얻을 수 있다. 챗GPT의 경우에는 챗GPT-3.5보다는 챗GPT-4.0이 한글로 된 정보는 정확도가 더 높습니다. 다만 영어를 기반으로 학습된 AI인 만큼 일부 문장에서는 번역 투를 사용하거나 문장이 부자연스럽게 이어진다는 점을 고려해야 합니다. 전반적으로 해당 모델들은 영어로 질문한 내용을 답변할 때 정확성 높은 답변을 얻을 수 있습니다.

사용자와 대화하듯 검색 결과를 내놓으면서 동시에 구체적인 답변을 위한 추가 질문을 유도한다는 점은 생성형 AI의 공통된 특징입니다.

사용자와 이전 대화를 기억해서 답변에 반영하는지 여부는 다릅니다. 챗GPT와 제미나이는 사용자와의 대화를 기억하고 이를 고려한 답변을 내놓지만, 클로바X는 대화 내용을 저장하거나 기억하지 않습니다. 클로바X가 대화를 저장하거나 분석하지 않는 이유는 개인정보 보호를 위한 것으로 파악됩니다.

최신 데이터를 반영한 검색 결과를 얻고 싶다면 검색 기반 생성형 AI 서비스를 사용하는 게 적합합니다. 검색 기반 AI로는 마이크로소프트 빙(Bing) 챗과 네이버 큐(Cue) 등이 있습니다.

지금부터는 챗GPT 프롬프트 활용법에 대해서 알아보도록 하겠습니다.

2022년 8월 미국 콜로라도 아트페어 우승작 스페이스 오페라 극장

2022년 8월, 미국 콜로라도에서 열린 아트페어에서 '스페이스 오페라 극장'이라는 작품이 우승을 차지했습니다. 이 작품은 마블 시리즈 영화에 나올 법한 놀라운 세계를 그려낸 것처럼 보입니다.

하지만, 이 그림은 전통적인 화가가 아닌, 게임 기획자로 잘 알려진 제이스 앨런에 의해 만들어졌습니다. 앨런은 미드저니라는 플랫폼에 900번이 넘는 [프롬프트]를 입력하고 80시간 동안의 작업을 거쳐 이 작품을 완성했습니다.

그러나 앨런은 자신이 입력한 프롬프트를 공유하는 것을 거부했기 때문에, 사람들이 비슷한 작품을 만들고 싶어도 할 수 없게 되었습니다. 이는 우리가 [프롬프트 엔지니어링]이라고 부르는 과정에 대한 중요성을 강조합니다.

[프롬프트 엔지니어링]은 우리가 특정 도구나 플랫폼에 원하는 결과를 얻기 위해 어떻게 질문을 구성해야 하는지에 대한 기술과 지식을 말합니다.

이러한 배경을 이해하고, 자신만의 창의적인 작품을 만들기 위해 어떻게 프롬프트를 잘 구성할 수 있는지를 배우는 것은 일반인들뿐만 아니라 컨설턴트들에게는 특히 매우 중요합니다.

과거에는 생성형 AI, 특히 챗GPT와 같은 모델을 사용할 때, 원하는 결과를 얻기 위해 정확하고 효과적인 질문을 구성하는 능력이 중요했습니다. 이를 프롬프트 엔지니어링이라고 하며, 이 분야에서 뛰어난 사람들을 프롬프트 엔지니어라고 불렀습니다.

좋은 프롬프트를 만드는 것은 곧 좋은 질문을 만들어내는 힘과 동일시되었습니다. 하지만 이는 AI가 사용자의 의도를 정확히 이해하지 못하는 시절의 이야기였습니다.

GPT-4의 등장으로 프롬프트 엔지니어링의 패러다임이 근본적으로 변화하였습니다. 이제는 단순히 정확한 질문을 구성하는 것 이상의 능력이 요구됩니다. 프롬프트 엔지니어링은 이제 사용자의 의도를 더욱 정교하게 AI에 전달하고, 다양한 맥락과 목적을 이해하는 AI와의 상호작용 방법을 개발하는 것을 포함합니다.

이러한 변화는 AI와 인간 간의 소통을 더욱 풍부하고 다층적으로 만들며, AI를 사용하여 더 창의적이고 복잡한 문제를 해결할 수 있는 길을 열었습니다. 이 새로운 패러다임 하에서, 컨설턴트들은 AI와의 상호작용 방식을 재고하고, AI의 가능성을 최대한 활용하기 위한 새로운 전략과 기술을 배우는 것이 중요합니다.

일의 효율성과 효과성을 극대화하는 챗GPT 사용법

인공지능을 활용하기 위해서는 적절한 명령어를 입력해야 합니다. 이러한 명령어를 우리는 프롬프트라고 합니다. 하지만 각각의 프롬프트가 다르면 결과물도 달라질 수 있습니다. 따라서 좋은 결과를 얻기 위해서는 프롬프트를 잘 구성하는 것이 중요합니다.

이를 프롬프트 엔지니어링이라고 합니다. 프롬프트 엔지니어링은 복잡해 보일 수 있지만, 기본원리는 간단합니다. 여러분에게 프롬프트를 구성하는 기본적인 6가지 요소를 알려드리겠습니다. 이를 통해 여러분도 최상의 결과를 얻을 수 있도록 도와드리겠습니다.

프롬프트를 구성하는 기본적인 6가지 요소를 설명하기 전에 하나만 기억해 주시면 좋을 것 같습니다.

챗GPT에 질문을 할 때는 편하게 내가 원하는 결과를 얻기 위해 전문가에게 어린아이가 질문 하듯이 천천히 기본적인 것부터 물어본다고 생각하면 좋을 거 같습니다. 마음에 안들면 다시 만들어 달라고 하면 되고, 더욱 섬세하게 자꾸 궁금하거나 원하는 걸 추가하면서 질문하시면 원하는 결과를 얻을 수 있습니다.

예를 들어, 만약에 디지털콘텐츠 관련 사업을 하는 업체 사장이 글로벌 프랜차이즈 사업을 생각 하고 있다고 가정하고 챗GPT에 질문자가 질문을 한다고 생각해 보세요.

※ 질문자가 질문하면 챗GPT는 답변을 어떻게 해서든 답변을 한다는 거는 아시죠?
 챗GPT 답변은 생략하고 질문자 질문만 참고하세요.

- **질문자 :** 안녕?
- **질문자 :** 난 프랜차이즈 사업을 하고 싶은데 좀 도와줄래?
- **질문자 :** 나는 현재 대한민국에서 2010년부터 2024년 2월 현재까지 시니어 실버 대상 으로 스마트폰 교육을 하는 강사를 양성하고 양성된 강사들은 기업체 및 공공기관에서 스마트폰 및 SNS마케팅 교육을 하고 있어.
- **질문자 :** 나에 대해서 계속 알려줄 게 잘 기억해 줘.. 알았지?
- **질문자 :** 현재 2010년 4월부터 운영하는 회사는 개인사업자인 "SNS소통연구소"야 SNS 소통연구소는 대한민국 전국에 지부(광역시 단위)와 지국(구 단위)을 75개 정도 운영하 고 있어.
  출판사도 운영하고 있으며 현재 50여 권의 뉴미디어 책(스마트폰, SNS마케팅, 프리젠테 이션, 컴퓨터, 디지털 범죄, AI 챗GPT)을 50여 권도 출간했어.
- **질문자 :** 나는 2010년 SNS소통연구소를 설립할 때부터 향후에는 전국에 지부 지국을 설 립해서 글로벌 기업으로 진출하고자 생각을 하고 사업을 해왔어. 그래서 2023년 7월 31 일 (주)디지털콘텐츠그룹을 설립해서 현재 디지털콘텐츠 관련해서 "디지털콘텐츠연구 소"도 설립했고 "벤처인증"도 받았어.
  ※ 이하 생략

위에 예시처럼 전문적인 프롬프트 명령어(기호, 특수문자 등을 이용하면 좀 더 디테일하게 좋은 결과를 얻을 수 있다.)를 몰라도 내가 원하는 결과물을 자연스럽게 대화하면서 도출할 수 있다.

프롬프트를 구성하는 기본적인 6가지 요소

❶ **작업(Task)** : 인공지능에 수행시키고자 하는 작업을 명확히 정의합니다. 이 작업은 구체적이고 명확해야 합니다.

❷ **맥락(Context):** 작업을 이해하기 위한 배경 혹은 상황을 제공합니다. 이는 작업의 목적이나 관련 정보를 포함할 수 있습니다.

❸ **예시(Example):** 작업을 설명하는 구체적인 예시를 제공합니다. 이를 통해 인공지능이 원하는 결과물을 이해할 수 있습니다.

❹ **페르소나(Persona):** 사용자의 관점을 흉내 내는 특정한 역할이나 성격을 부여합니다. 이를 통해 명확한 커뮤니케이션을 도모합니다.

❺ **형식(Format):** 명령어의 형식을 정의합니다. 이는 명령어의 구조나 문법을 의미합니다.

❻ **어조(Tone):** 명령어의 톤을 결정합니다. 이는 인공지능과의 대화에서 사용되는 언어의 스타일을 의미합니다.

위의 6가지 구성 요소를 모두 고려하여 프롬프트를 구성하면 최상의 결과를 얻을 수 있습니다.

프롬프트의 기본 구성 요소와 각 요소의 역할

이번에는 프롬프트를 이해하고 활용하는 데 필수적인 기본 구성 요소와 그 역할에 대해 알아보겠습니다.

첫째로, 프롬프트의 핵심인 '작업'에 대해 이해해야 합니다. 작업은 인공지능이 수행해야 할 명확한 목적을 제시하는 것입니다.
예를 들어, "다이어트 프로그램을 생성해 줘"와 같은 요청이 작업에 해당합니다.

둘째로, 맥락을 고려해야 합니다. 맥락은 작업과 관련된 상황이나 연관된 정보를 제공하는 것입니다. 맥락을 통해 인공지능이 요청을 더 잘 이해하고 적합한 결과를 생성할 수 있습니다.
예를 들어, "나는 80kg의 남성이고 고혈압이 있으며 20kg을 감량하려고 해"와 같은 추가 정보를 제공합니다.

셋째로, 예시를 활용합니다. 예시는 원하는 결과물을 명확하게 보여줌으로써 인공지능이 더 정확한 답변을 생성할 수 있게 도와줍니다.

예를 들어, 다이어트 프로그램을 예시로 들어보면서 어떤 종류의 정보가 필요한지 보여줄 수 있습니다.

넷째로, 페르소나를 설정합니다. 페르소나는 인공지능에 부여되는 가상의 인격이며, 특정 상황에 맞게 설정하여 문제 해결에 도움을 줍니다.

예를 들어, "고담 시티의 조커"와 같은 페르소나를 설정함으로써 특정한 어조나 스타일을 요청할 수 있습니다.

다섯째로, 형식을 지정합니다. 형식은 최종 결과물의 형태를 지정하는 것으로, 원하는 정보의 구조나 표현 방식을 결정합니다.

예를 들어, 리스트나 표 형식으로 결과를 요청할 수 있습니다.

마지막으로, 톤을 설정합니다. 톤은 대답의 어조를 결정하며, 상황에 맞게 적절한 어조를 선택하여 인공지능에 전달합니다.

예를 들어, 공손한 어조로 이메일을 작성하라고 요청할 수 있습니다.

실제 사례를 통한 각 요소 설명

먼저, 작업에 대한 사례입니다. 예를 들어, "비즈니스 보고서 작성"이라는 작업을 생각해 보겠습니다. 이 작업은 인공지능에 보고서를 작성하는 명확한 목적을 제시합니다.

다음은 맥락에 대한 사례입니다. 위 작업인 "비즈니스 보고서 작성"의 맥락을 설명하면, "최근 회사의 매출과 이익 추이에 대한 분석이 필요하며, 시장 동향 및 경쟁사의 분석 자료도 필요합니다"와 같은 정보를 추가할 수 있습니다.

세 번째는 예시를 통한 설명입니다. "비즈니스 보고서 작성" 작업에 대한 예시로는 이전에 작성된 보고서나 유사한 업계의 보고서를 인공지능에 제시함으로써 원하는 결과물의 형태를 더욱 명확하게 전달할 수 있습니다.

다음은 페르소나에 대한 사례입니다. 예를 들어, "마케팅 전문가"나 "금융 분석가"와 같은 특정한 직업이나 역할을 가진 페르소나를 설정하여 해당 분야에 대한 전문적인 지식을 활용할 수 있습니다.

다섯 번째는 형식에 대한 사례입니다. "비즈니스 보고서 작성" 작업의 형식으로는 표나 그래프를 활용한 데이터 시각화, 글머리 기호를 사용한 항목 나열 등을 요청할 수 있습니다.

마지막으로, 톤에 대한 사례입니다. 예를 들어, "공식적이고 전문적인 어조"로 작성된 비즈니스 보고서를 요청할 수 있습니다.

이렇게 각 요소를 사례와 함께 설명함으로써, 좋은 결과물을 얻기 위해 챗GPT에 더욱 명확하게 전달할 수 있습니다.

비즈니스 보고서 작성을 위한 프롬프트의 실제 사례 샘플

❶ 작업: 비즈니스 보고서 작성

❷ 맥락:
- 최근 회사의 매출과 이익 추이에 대한 분석이 필요합니다.
- 시장 동향 및 경쟁사의 분석 자료가 필요합니다.
- 보고서는 이사회나 잠재적인 투자자들에게 제출될 예정입니다.

❸ 예시:
- 이전 분기의 보고서나 업계 내 다른 회사의 보고서를 참고해 주세요.

❹ 페르소나: 금융 분석가

❺ 형식:
- 데이터 시각화를 위한 그래프 및 차트를 포함해 주세요.
- 핵심 지표는 표 형식으로 요약해 주세요.

❻ 톤: 공식적이고 전문적인 어조로 작성해주세요.

위 프롬프트는 실제 비즈니스 상황에서 사용될 수 있는 구체적인 예시를 제공하고 있습니다.
이제 이 정보를 토대로 인공지능에 원하는 결과물을 생성하도록 요청할 수 있을 것입니다.

프롬프트를 만드는 프롬프트

프롬프트를 만드는 일은 쉬우면서도 좀 더 전문적인 결과를 얻고자 한다면 깊이 있는 기획과 협의가 필요한 부분입니다.

컨설턴트라면 보다 디테일한 프롬프트가 필요한데 여기서는 [역할 지정], [질문의 분석], [프롬프트의 구성 조건], [프롬프트의 출력]을 만들어서 프롬프트를 만드는 프롬프트를 만들어 보겠습니다.

[역할 지정]

너는 지금 부터 챗GPT 프롬프트 엔지니어야
내가 요청하는 내용에 챗GPT가 가장 좋은 답변을 할 수 있도록 프름프트를 구성해 주면 돼

[질문의 분석]

만약 내가 질문을 했을 때 아래와 같은 조건이라면,
좋은 프롬프트를 만들기 위해 나한테 질문을 계속해 줘

1) 나의 질문을 명확하계 인지하지 못했다
2) 챗GPT가 답변할 수 없는 내용
3) 정확도가 70% 이하로 떨어지는 내용
4) 내가 필요한 정보를 입력해서 "이런 프롬프트를 만들어줘"라고 말하기 전까지
　 나는 네가 내 질문을 얼마나 잘 이해하고 충실하게 프롬프트에 반영했는지 알고 싶어
　 그래서 내가 요청하는 질문이 끝날 때마다, 0부터 100까지의 신뢰도 점수를 나타내줘

[프롬프트 구성 조건]

네가 만들어야 하는 프롬프트의 요소는 아래 조건을 모두 충족해 줘
1) 내가 질문한 내용을 만족하기 위해 최대한 노력한다
2) 질문에 대한 문맥 이해, 배경, 창의적인 생각 포함해서 만들어줘
3) 답변에 사용하는 방법과 대상도 포함해줘
4) 답변을 만들 때 어떤 스타일을 사용해야 하는지도 포함해줘
5) 네가 상상할 수 있는 모든 주제에 대해 이상적인 프롬프트 생성해줘

[프롬프트 출력]

프롬프트를 출력할 때는 아래의 조건을 모두 충족해 줘

1) 문자 그대로의 명확한 언어를 사용해 줘

2) 해당 주제에 대한 전문가처럼 행동해

5) 특정 인물 또는 여러 인물의 조합처럼 행동해

4) 복잡한 작업의 경우, 번호를 붙여서 단계별로 지시 사항을 알려줘

5) 5개의 문장이 넘는 경우 이 프롬프트를 계속 만들어야 할지 나에게 물어봐 줘

6) 나에게 도움이 된다면 전문 작가나 스토리텔러로서 역할을 수행하도록 요청해 줘

지금부터 프롬프트 엔지니어로서 나에게 필요를 묻는 것으로 대화를 시작하도록 하자!

▶ 위에 소개한 [프롬프트를 만드는 프롬프트]를 챗GPT 프롬프트 창에 입력합니다.
   그럼 하단과 같이 챗GPT가 답변합니다.

 ChatGPT
알겠습니다! 당신의 요청에 최적화된 프롬프트를 만들기 위해, 질문이나 요청 사항에 대해 가능한 한 많은 세부 정보를 제공해 주시길 바랍니다. 먼저, 당신이 챗GPT에게 알고 싶은 구체적인 주제나 질문이 무엇인지 알려주실 수 있나요? 그리고 이 질문이나 요청에 대해 특별히 중요하게 생각하는 배경 정보, 맥락, 또는 특정한 답변 스타일이 있다면 그것도 함께 알려주세요.

프롬프트를 구성하는 기본적인 6가지 요소에 맞춰서 답변을 해보겠습니다.

 당신
1.작업 : 나는 현재 글로벌 프랜차이즈를 준비하는 회사를 컨설팅해줘야 함
2.맥락 : 프랜차이즈를 준비하는 업체는 (주)디지털콘텐츠그룹으로 2010년부터 2024년 현재까지 디지털 콘텐츠(스마트폰 및 SNS마케팅 위주의 온오프라인 교육 진행 중) 교육과 출판업을 하고 있으며, 디씨플이라는 온라인 콘텐츠 플랫폼 운영중
3.예시 : UDEMY 같은 회사가 되고 싶음
4.페르소나 : 프랜차이즈 컨설팅 전문가
5.형식 : 그래프 및 차트, 또는 표 형태로 보여줄 수있는 자료는 표 형태로 해줘
6.톤 : 공식적이고 전문적인 어조로 작성해줘

▶ 챗GPT가 프롬프트를 만들어줍니다.

 ChatGPT
기반으로 프롬프트를 구성하겠습니다:

프롬프트:

당신은 (주)디지털콘텐츠그룹의 글로벌 프랜차이즈 확장을 컨설팅하는 전문가입니다. 이 회사는 2010년부터 디지털 콘텐츠 교육과 출판업에 종사해 왔으며, 디씨플이라는 온라인 콘텐츠 플랫폼을 운영 중입니다. UDEMY와 같은 성공적인 글로벌 온라인 교육 플랫폼이 되고자 하는 이 회사의 목표를 달성하기 위해 다음과 같은 단계를 제안합니다:

1. **시장 분석**: 우선, 글로벌 온라인 교육 시장의 현재 동향과 예측을 분석해야 합니다. 이를 위해, 주요 경쟁사 분석, 잠재 고객 분석, 그리고 시장 성장률 예측 등을 포함한 시장 분석 보고서를 작성합니다. 차트와 그래프를 사용하여 주요 데이터를 시각화해 주세요.
2. **프랜차이즈 모델 개발**: 디지털 콘텐츠 교육 및 출판에 초점을 맞춘 프랜차이즈 모델을 개발합니다. 이 모델은 교육 콘텐츠의 품질, 온라인 플랫폼 접근성, 그리고 파트너십 전략 등을 포함해야 합니다.
3. **마케팅 전략**: SNS 및 스마트폰 마케팅을 중심으로 한 다채로운 글로벌 마케팅 전략을 개발합니다. 이 전략은 타겟 시장별 맞춤형 콘텐츠 개발, 영향력 있는 마케팅, 그리고 파트너십을 통한 브랜드 인지도 향상 등을 포함해야 합니다.
4. **운영 전략**: 효율적인 운영과 지속 가능한 성↓을 위한 전략을 수립합니다. 이에는 기술 인프라 개선,

▶ 1.시장분석 관련된 내용을 복사해서 챗GPT 프롬프트에 붙여넣기 해줍니다.

 당신
1.시장 분석: 우선, 글로벌 온라인 교육 시장의 현재 동향과 예측을 분석해야 합니다. 이를 위해, 주요 경쟁사 분석, 잠재 고객 분석, 그리고 시장 성장률 예측 등을 포함한 시장 분석 보고서를 작성합니다. 차트와 그래프를 사용하여 주요 데이터를 시각화해 주세요.

▶ 챗GPT가 구체적인 프롬프트를 제시합니다.

🅶 **ChatGPT**
이 부분에 대해 구체적인 프롬프트를 제시하겠습니다:

프롬프트:

당신은 글로벌 온라인 교육 시장에 대한 심층적인 시장 분석을 수행하는 데이터 분석가입니다. (주)디지털콘텐츠그룹의 글로벌 프랜차이즈 확장 계획을 지원하기 위해, 다음과 같은 항목을 포함하는 시장 분석 보고서를 작성하도록 요청받았습니다:

1. **주요 경쟁사 분석**: 글로벌 온라인 교육 시장에서 활동하는 주요 경쟁사를 식별하고, 각각의 시장 점유율, 강점, 약점, 제공하는 콘텐츠 유형, 플랫폼 기능, 가격 정책 등을 분석합니다. 이 정보를 바탕으로 경쟁사 대비 (주)디지털콘텐츠그룹의 위치를 평가합니다.
2. **잠재 고객 분석**: 글로벌 시장에서 (주)디지털콘텐츠그룹의 잠재 고객층을 식별합니다. 이를 위해, 다양한 지역, 연령대, 직업군, 교육 수준 등에 따른 고객의 필요와 선호도를 분석합니다. 잠재 고객이 가장 중요하게 여기는 서비스 특성과 구매 결정 요인을 파악합니다.
3. **시장 성장률 예측**: 현재 시장 데이터와 트렌드를 분석하여, 글로벌 온라인 교육 시장의 예상 성장률을 예측합니다. 이는 인구 통계학적 변화, 기술 발전, 교육 정책 변화 등 다양한 외부 요인을 고려하여 수행됩니다. 예측 결과는 향후 몇 년간 시장 ↓ 주요 성장 동력과 잠재적인 위험 요소를 식별하는 데 도움이 됩니다.

▶ 챗GPT한테 국내외 경쟁사 알려달라고 합니다.

 당신
주요 경쟁사라고 생각할 수 있는 국내외 업체 알려줘

▶ 챗GPT가 해외와 국내 업체를 정확하게 알려주고 있습니다.

ChatGPT

(주)디지털콘텐츠그룹이 디지털 콘텐츠 교육 및 출판, 그리고 온라인 콘텐츠 플랫폼 운영 분야에서 활동하고 있다고 했을 때, 글로벌 및 국내 시장에서 주요 경쟁사로 간주할 수 있는 업체들은 다음과 같습니다:

글로벌 경쟁사:

1. **Udemy**: 다양한 카테고리에서 수천 개의 온라인 코스를 제공하는 선도적인 글로벌 온라인 학습 및 강의 플랫폼입니다. 개인 개발부터 전문 기술 교육까지 폭넓은 주제를 다룹니다.
2. **Coursera**: 대학과 기업이 제공하는 고질적인 온라인 코스, 전문화 과정, 학위 프로그램을 제공합니다. Coursera는 고품질의 교육 콘텐츠와 인증서, 학위 프로그램에 중점을 둡니다.
3. **Khan Academy**: 모든 연령대를 대상으로 하는 무료 온라인 교육 플랫폼으로, 주로 학교 교육을 보충하는 데 사용됩니다. 수학, 과학, 컴퓨터 프로그래밍 등 다양한 주제를 다룹니다.
4. **LinkedIn Learning (이전의 Lynda.com)**: 비즈니스, 기술, 창의적인 스킬을 개발하기 위한 온라인 코스를 제공합니다. 전문가들에 의해 제작된 광범위한 코스 라이브러리를 보유하고 있습니다.
5. **Skillshare**: 창의적인 분야, 비즈니스, 기술 등에 초점을 맞춘 온라인 학습 커뮤니티입니다. 실용적인 학습을 중시하며, 프로젝트 기반의 코스를 제공합니다.

국내 경쟁사:

1. **에듀윌**: 다양한 자격증, 공무원 시험, 취업 준비 등을 위한 온라인 강의를 제공하는 국내 교육 기업입니다.
2. **메가스터디**: 주로 대학 입시 준비를 위한 온라인 강의를 제공하지만, 최근에는 다양한 연령대와 목적을 위한 교육 콘텐츠로 확장하고 있습니다.
3. **이투스**: 대학 입시 및 중등 교육을 위한 온라인 강의를 제공하는 대표적인 국내 교육 플랫폼 중 하나입니다.

▶ 사이트를 추가하고 표형식으로 만들어달라고 해도 잘 만들어 줍니다.

당신

위에 소개해준 글로벌 경쟁사, 국내 경쟁사 사이트 주소도 표형식으로 알려줘

ChatGPT

아래 표는 소개한 글로벌 경쟁사와 국내 경쟁사의 웹사이트 주소를 요약한 것입니다. 웹사이트 주소는 해당 기업의 공식 온라인 플랫폼으로, 자세한 정보 및 서비스를 제공합니다.

경쟁사	웹사이트 주소
글로벌 경쟁사	
Udemy	https://www.udemy.com

▶ 벤치마킹(Benchmarking)을 위해 국내외 경쟁사 SWOT분석을 요청합니다.

 당신
위 표에 포함된 업체에 대해 아래 형식으로 SWOT 분석을 해주세요.

[결과 형식]
- SWOT 분석 결과로 만들어 주세요.
- 먼저 SWOT 분석이 무엇인지 간략한 설명을 해주세요.
- 강점(S), 약점(W), 기회(O), 위협(T)으로 제목을 써주시고, 그 아래 행에 분석한 내용을 최대 5개를 번호를 매겨 써주세요. 그 아래에 SO,ST, WO, WT 액션 플랜을 써주세요.

▶ 경쟁사에 대해서 SWOT 분석을 자세하게 해줍니다.

 ChatGPT
SWOT 분석은 조직, 프로젝트, 또는 개인 사업 전략을 평가하기 위해 사용되는 도구입니다. 이 분석은 강점(Strengths), 약점(Weaknesses), 기회(Opportunities), 위협(Threats)의 네 가지 주요 요소로 구성됩니다. 강점과 약점은 내부 요소로, 조직이 통제할 수 있는 요소입니다. 반면, 기회와 위협은 외부 환경에서 비롯되며, 조직이 직접 통제할 수 없는 요소입니다. SWOT 분석을 통해, 조직은 자신의 위치를 평가하고, 전략적 계획을 개발하는 데 필요한 중요한 인사이트를 얻을 수 있습니다.

아래는 Udemy를 예로 든 SWOT 분석의 예시입니다:

강점(S)

1. 폭넓은 코스 제공: 100,000개 이상의 다양한 코스를 제공합니다.
2. 접근성: 모든 코스는 인터넷에 연결된 어떤 기기에서나 접근 가능합니다.
3. 가격 경쟁력: 다양한 가격대의 코스를 제공, 종종 할인 행사를 진행합니다.
4. 사용자 기반: 전 세계 수백만 명의 학습자와 강사가 있습니다.
5. 수익 공유 모델: 강사에게 코스 판매 수익의 상당 부분을 제공하여, 고품질 콘텐츠 제작을 장려합니다.

약점(W)

1. 코스 품질 변동성: 강사의 자격과 코스 품질에 일관성이 부족할 수 있습니다.
2. 인증서 가치: 일부 코스의 완료 인증서가 공식적인 자격증으로 인정받지 못할 수 있습니다.
3. 고급 과정 부족: 특정 전문 분야에서는 고급 레벨 코스의 부족합니다.
4. 경쟁 증가: 온라인 교육 시장의 경쟁이 심화되고 있습니다.
5. 마케팅 비용: 신규 학습자를 유치하기 위한 마케팅 비용이 증가하고 있습니다.

기회(O)

▶ 챗GPT가 해외와 국내 업체를 정확하게 알려주고 있습니다.

위협(T)

1. 시장 경쟁: Coursera, Khan Academy 등 경쟁사의 성장으로 시장 점유율 경쟁이 치열해집니다.
2. 기술 변화: 기술 변화에 대한 지속적인 적응 필요성이 있습니다.
3. 규제 환경 변화: 교육 분야의 규제 변화가 사업 운영에 영향을 줄 수 있습니다.
4. 고품질 콘텐츠 제작 비용: 우수한 콘텐츠의 제작과 유지 관리에 높은 비용이 발생합니다.
5. 학습자 데이터 보안: 개인 정보 보호와 데이터 보안에 대한 우려가 증가하고 있습니다.

SO 전략

- 기술 발전을 활용하여 개인화된 학습 경험을 강화하고, 글로벌 시장에서의 입지를 확대합니다.

ST 전략

- 경쟁사와 차별화된, 고품질의 인증 프로그램을 개발하여 시장 경쟁에서 우위를 확보합니다.

WO 전략

- 기업 교육 시장에 집중하여 약점을 보완하고, 새로운 수익원을 창출합니다.

WT 전략

- 데이터 보안 강화 및 규제 환경 변화에 대응하기 위한 체계를 마련하여 위협 요소를 최소화합니다.

이러한 SWOT 분석은 Udemy의 전략적 계획 수립에 중요한 기초 자료를 제공하며, 내부적 강점과 약점을 개선하고 외부 기회를 활용하여 위협을 극복할 수 있는 방안을 모색할 수 있습니다.

지금까지 챗GPT를 활용해서 내가 원하는 결과물을 얻어내는 프롬프트 활용법에 대해서 알아보았습니다.

위에 설명한 것처럼 기본적인 몇 가지만 숙지하고 챗GPT를 활용하신다면 일의 효율성과 효과성을 극대화하실 수 있습니다.

QR-CODE를 스캔하시면 [프롬프트를 만드는 프롬프트]를 활용한 결과물에 대해서 자세하게 보실 수 있습니다.
4장부터 설명하는 내용을 제대로 배우고 익히신다면 진정 컨설턴트분들뿐만 아니라 비즈니스 하시는 분들에게 분명 많은 도움이 되실 거라 확신하오니 꼭 관심 가지고 배워보시면 좋겠습니다.

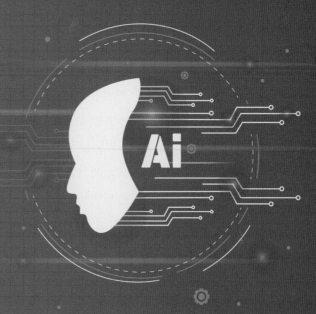

4강 │ 업무효율 극대화를 위한
챗GPT 플러그인 활용하기

4강   업무효율 극대화를 위한 챗GPT 플러그인 활용하기

챗GPT 플러그인(ChatGPT Plug-In)

1 챗GPT 플러그인 사용법

챗GPT 플러그인을 사용하는 것은 마치 스마트폰에 다양한 애플리케이션을 설치하는 깃과 유사합니다. 이를 통해 챗GPT의 기능을 확장시켜, 사용자가 질문했을 때 보다 정확하고 다양한 정보를 제공받을 수 있게 됩니다. 사용자가 특정 질문을 하면, 설치된 플러그인들을 통해 챗GPT가 더욱 세밀하고 전문적인 답변을 제공할 수 있는 기회를 얻게 됩니다. 이처럼 플러그인을 활용함으로써 챗GPT의 응답 능력이 향상되며, 사용자 경험이 개선됩니다. 그러나, 플러그인의 품질에 따라서 답변의 정확성이 달라질 수 있기 때문에, 사용자는 이를 고려하여 선택해야 합니다.

특히, 사용자들은 필요에 따라 여러 플러그인을 조합하여 개인화된 서비스를 받을 수 있습니다. 챗GPT 플러그인을 통해 더 효율적이고 편리한 라이프스타일을 구축할 수 있습니다.

2 장점

▶ **자연어 처리 기술을 활용해 더 자연스럽고 인간 같은 대화가 가능해진다는 점입니다.** 이는 사용자와의 소통을 보다 원활하게 만들어줍니다.

▶ **사용자의 특정 요구사항에 맞춰서 설정을 조정할 수 있는 고도의 사용자 정의 기능을 제공한다는 점입니다.** 이로 인해 다양한 비즈니스 요구사항이나 개인적인 선호도에 따라 챗GPT를 맞춤 설정할 수 있습니다.

▶ **유연하고 다양한 기능과의 결합을 통해 높은 확장성을 갖추고 있다는 점입니다.** 이는 챗GPT를 다양한 용도로 활용할 수 있게 해줍니다.

2 단점

▶ **대화의 전체적인 맥락을 파악하지 못해 때때로 부정확한 답변을 제공할 수 있다는 점입니다.**

이는 대화의 흐름을 이해하는 능력이 아직 완벽하지 않기 때문입니다.

학습된 데이터에 의존하기 때문에, 최신 정보를 제공하지 못할 수 있다는 점입니다. 이는 기술의 발전 속도나 세계적인 이슈의 변화를 즉각적으로 반영하는 데에는 한계가 있음을 의미합니다.

학습 데이터에 포함된 왜곡된 정보로 인해 부정확한 답변을 제공할 가능성이 있다는 점입니다. 이는 데이터의 품질과 관련된 문제로, 사용자에게 잘못된 정보를 전달할 위험이 있습니다. 이와 같이 챗GPT 플러그인을 활용함으로써 다양한 정보와 서비스에 쉽게 접근할 수 있으며, 사용자 경험을 대폭 향상시킬 수 있습니다. 그러나 플러그인의 사용에 있어서는 그 장단점을 충분히 이해하고, 신중하게 선택하여 활용하는 것이 중요합니다. 사용자의 목적과 필요에 가장 적합한 플러그인을 선택함으로써, 챗GPT의 기능을 최대한으로 활용할 수 있게 됩니다.

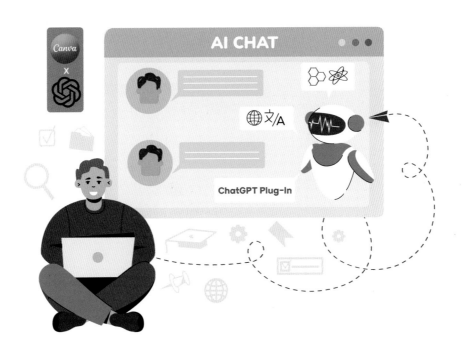

챗GPT 플러그인 활용하기

챗GPT(ChatGPT) 플러그인이란 챗GPT에 특정 소프트웨어나 웹사이트를 연결한 뒤에 이를 통해 공급받은 데이터로 정보를 검색하거나 특정 용도에 맞게 활용할 수 있게 해주는 서비스를 말합니다. 플러그인은 유료 버전에서만 가능합니다. 먼저 챗GPT ① [GPT-4] 화면에 이 옵션이 표시되지 않는다면 계정 설정의 "베타 기능" 메뉴에서 플러그인을 활성화해야 합니다.

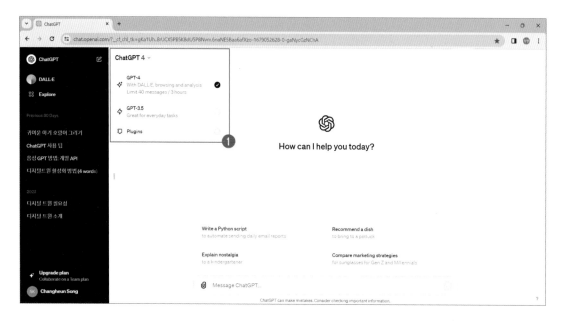

챗GPT 플러그인 활성화를 위해 ② [사용자 계정]을 클릭한 다음 ③ [Settings & Beta]를 클릭하도록 합니다.

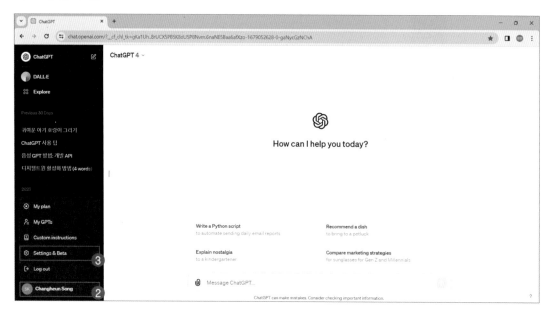

Settings 화면에서 챗GPT 플러그인 활성화를 위해 ④ [**Beta features(베타 기능)**] 메뉴를 클릭한 후 ⑤ [**Plugins**]을 활성화(녹색)로 만들어 주도록 합니다. 이렇게 하면 챗GPT의 베타 기능이 활성화가 완료됩니다. 챗GPT 베타 기능 사용 준비가 완료된 상태입니다. 플러그인 활용 기능이 완료되면 챗GPT 메인 페이지로 돌아가기 위해 ⑥ [✕]를 클릭합니다.

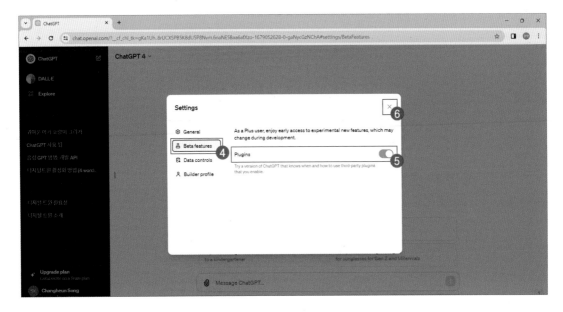

챗GPT 메인 창 페이지에서 ⑦ [**ChatGPT-3.5 또는 ChatGPT-4**] 모델을 ⑧ [**Plugins**]로 선택합니다.

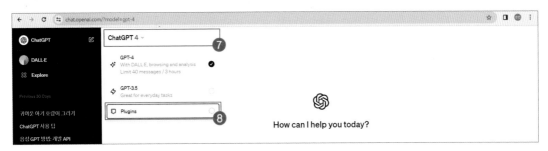

챗GPT Plugins(플러그인)에서 ⑨ [**No plugins enabled (유효한 플러그인 없음)**] 메시지가 나오면 해당 버튼을 클릭하고 ⑩ [**Plugin store**]를 클릭합니다.

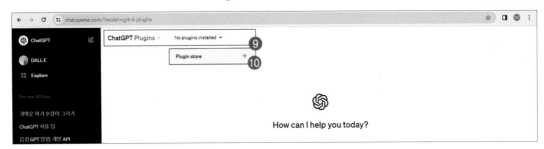

Plugin store를 클릭하면 About plugins(플러그인 정보) 화면이 나오는데 플러그인에 대한 안내 메시지가 나옵니다. 아래 메시지를 확인한 후 ⑪ [OK (유효한 플러그인 없음)] 메시지가 나오면 해당 버튼을 클릭합니다.

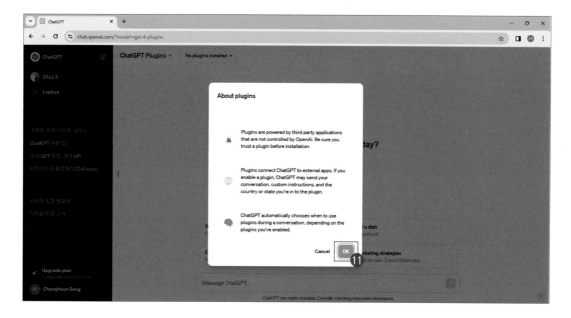

Plugin store 페이지에 접속하면 다양한 플러그인이 있으며 ⑫ [Popular, New, All]과 ⑬ [Seach plugin]를 통해 플러그인을 검색할 수 있습니다. ⑭ [Plugin store]에는 다양한 플러그인이 있는데 사용자가 원하는 플러그인을 찾아 Install 버튼을 클릭하여 설치하면 됩니다.

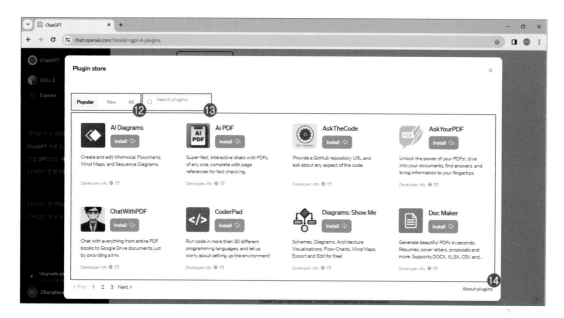

Canva 활용

캔바(Canva)는 디자인 편집 툴로 포토샵 없이도, 디자인에 대한 전문적인 지식이나 기술 없이도 직접 클릭 몇 번으로 손쉽게 템플릿, 포스터 등의 디자인을 변경하여 쉽고 빠르게 콘텐츠를 만들어 사용할 수 있습니다. PC뿐만 아니라 모바일앱을 사용하여 다양한 디바이스에서 언제 어디서나 원하는 디자인을 간편하게 만들 수 있습니다.

챗GPT에서 Canva 사용을 위해서는 Plugin store에서 Canva을 검색하고 ① [Install] 버튼을 클릭하여 설치합니다.

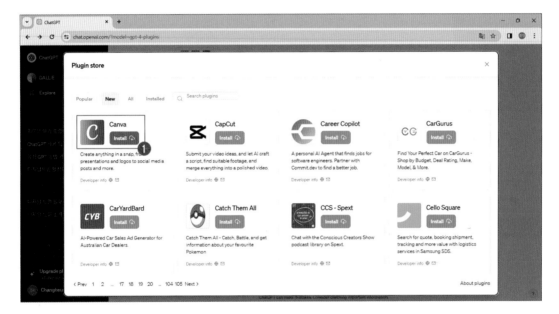

챗GPT 창에서 ② [ChatGPT Plugins]를 선택한 다음 ③ [Canva]를 체크합니다.

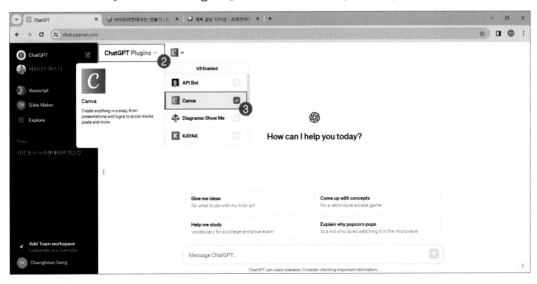

챗GPT 창에서 사용자가 원하는 ④ [**프롬프트**] 내용을 작성하도록 합니다. 다음은 기업 제안 발표 프리젠테이션 템플릿에 대한 요구사항을 작성하였습니다.

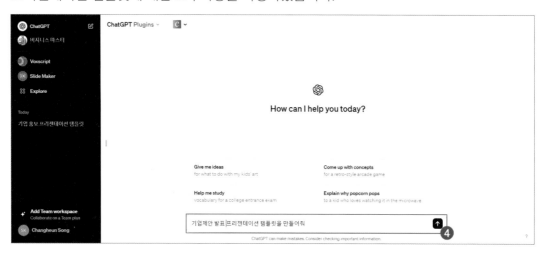

기업 제안 발표 프리젠테이션 템플릿에 대한 프롬프트 내용을 작성하면 ⑤ [ChatGPT]와 같이 답변과 선택할 수 있는 몇 개의 추천 템플릿 디자인을 만들어 줍니다.

추천 템플릿을 확인 후 Canva를 활용 할려면 ⑥ [Canva] 링크를 클릭합니다.

챗GPT에서 Canva 홈페이지로 전환하는데 왼쪽에 있는 ⑦ [메뉴]에는 디자인, 텍스트, 업로드 항목, 프로젝트, 앱 등으로 구성되어 있으며 ⑧ [메뉴]에는 검색기능과 기본 템플릿, 스타일 등 기능이 있으며, 챗GPT를 활용하여 작성된 ⑨ [템플릿]이 있습니다.

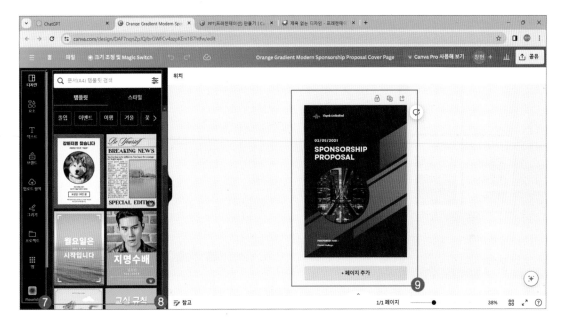

⑧ [메뉴]에는 템플릿 외에 다른 템플릿을 검색할려면 왼쪽 ⑩ [프로젝트]를 클릭하면 새로운 다양한 템플릿이 나타나며 원하는 ⑪ [템플릿]을 클릭합니다.

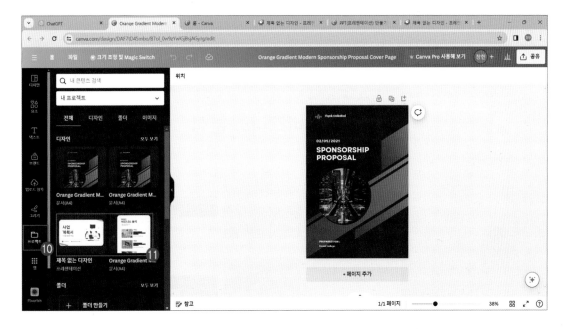

⑪ [템플릿]을 클릭하면 챗GPT에서 추천한 템플릿이 Canva에서 선택한 ⑫ [템플릿]으로 변경됩니다.

Canva에서는 포토샵같은 프로그램 없이도 쉽게 제작이 가능한 목업(Mockup)이 있습니다. 목업은 제품 디자인 평가를 위해 만들어지는 실물 크기의 정적 모형으로 디자인 목업은 디지털 기기, 액자 등 실제 판매되는 상품처럼 보이는 이미지라고 할 수 있습니다. 목업을 사용할려면 왼쪽 아래에 있는 ① [앱]을 클릭한 후 키워드 박스 ② [목업]을 작성하면 ③ [목업] 앱이 나타납니다. 목업 사용을 위해 ③ [목업] 앱을 클릭합니다.

③ [목업] 앱을 클릭한 다음 사용자가 원하는 ④ [이미지]를 선택하고 드레그하여 오른쪽으로
⑤ [목업]을 이동시키도록 합니다.

⑥ [업로드 항목]을 클릭한 후 원하는 이미지를 찾기 위해 ⑦ [폴더]를 선택한 후 폴더에서
원하는 ⑧ [이미지]을 더블 클릭합니다.

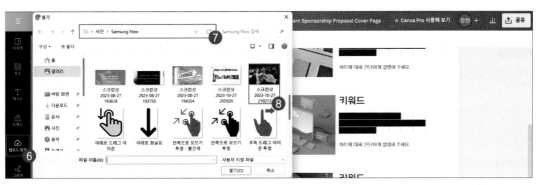

업로드된 ⑨ [이미지]을 선택한 후 드래그하여 ⑩ [목업]으로 이동시키면 이미지가 목업으로
이미지가 업로드 됩니다. 다운로드 할 경우 ⑪ [공유]를 선택, ⑫ [다운로드]를 클릭하여 원하는
폴더를 선택한 후 다운로드 합니다.

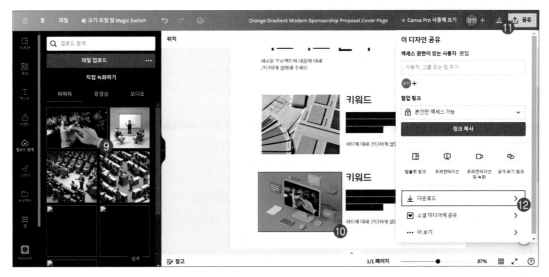

Canva에서 ① [프로젝트]를 클릭하면 다양한 템플릿이 나오는데 확인 후 디자인 등이 마음에 드는 PPT가 있으면 ② [템플릿]을 클릭합니다.

선택한 ③ [템플릿]을 클릭하면 오른쪽으로 ④ [템플릿]이 전환됩니다. 템플릿이 완성되면 작성된 템플릿을 원하는 폴더에 다운로드 하면 됩니다. 다운로드는 ⑤ [파일]과 ⑥ [공유]를 클릭하면 다운로드 화면으로 이동합니다.

⑤ [**파일**]을 클릭하면 다양한 기능들이 나타나는데 ⑦ [**다운로드**]를 클릭하면 다운로드 화면으로 이동합니다.

오른쪽 다운로드 창에서 파일 형식을 선택하기 위해서는 먼저 ⑧ [**파일형식**]을 클릭하고 다양한 형식 중에서 원하는 파일형식을 ⑨ [**선택**] 합니다.

파일형식을 ⑩ [PPT]로 선택한 다음 ⑪ [다운로드]를 클릭합니다.

⑫ [PPT] 파일이 다운로드 되면 파일 확인을 위해 ⑬ [다운로드]를 클릭합니다.

⑬ [다운로드]를 클릭하면 ⑭ [PPT] 파일을 확인할 수 있습니다.

Kayak 활용

Plugin store에서 Kayak을 검색하고 ① [Install] 버튼을 클릭하여 설치합니다.

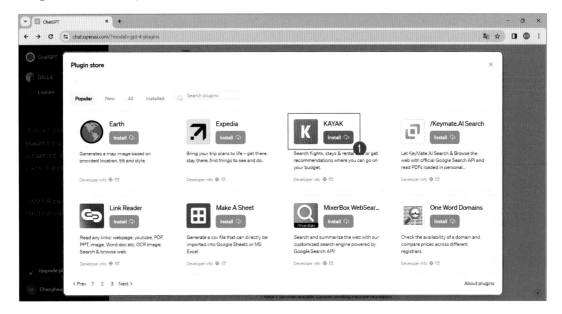

Kayak 플러그인은 여행 분야로 항공편, 숙박 및 렌트카 등을 검색하거나 예산에 맞는 여행지를 추천합니다. Kayak 플러그인을 설치한 후 제거할 경우에는 ② [Uninstall(제거)] 버튼을 클릭하면 됩니다.

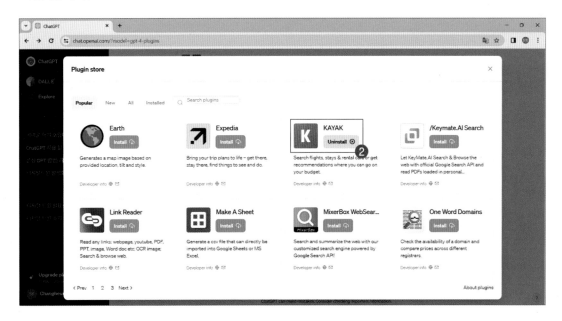

챗GPT에서 설치한 ③ [Kayak] 플러그인을 체크하여 활성화하고, 여행에 관한 사용자의 요구 사항을 ④ [프롬프트]에 다음과 같이 입력합니다.

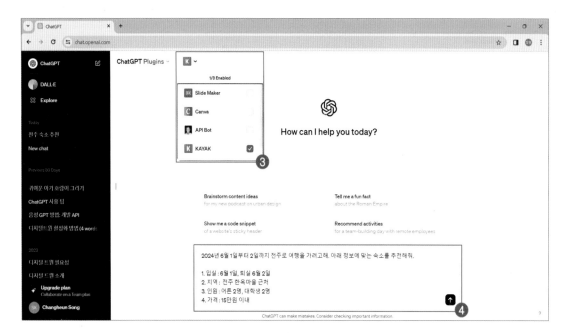

Kayak 플러그인을 활용하여 검색된 여행 정보는 숙박시설에 대해 시설 등급, 리뷰, 가격, 예약 링크 등에 대해 ⑤ [다음과 같이 답변]을 합니다.

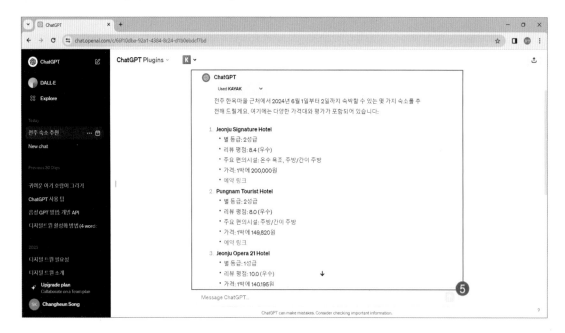

Slide Maker

Canva를 활용한 PPT를 만들기 위해서는 챗GPT 창에서 ChatGPT Plugins ① [**채크박스**]를 클릭한 다음 ② [**Slide Maker**]를 선택합니다.

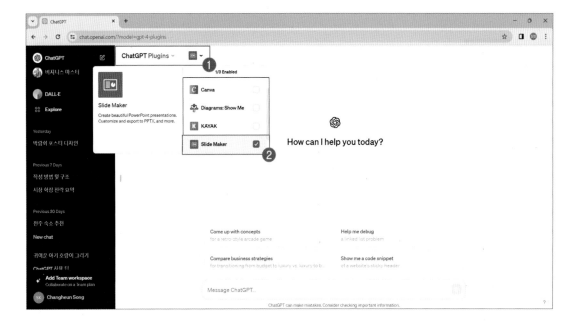

Slide Maker 플러그인에서 만들고자 하는 PPT 콘텐츠 ③ [**텍스트 프롬프트**] 명령어를 입력하면 PPT를 자동으로 만들어 줍니다.

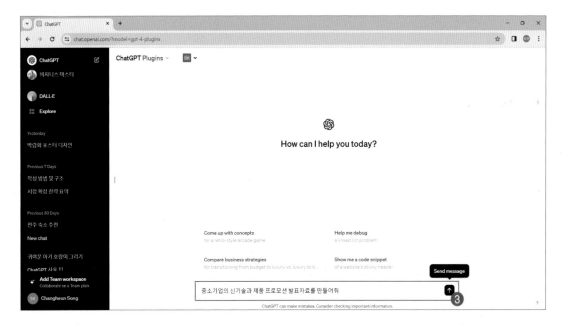

입력한 프롬프트 내용으로 PPT콘텐츠 작성이 어려운 경우 ④ [챗GPT]가 부족한 정보를 다음과 같이 요구합니다.

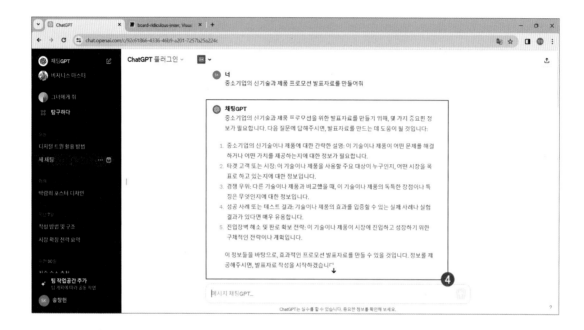

④ [챗GPT]가 요구한 부족한 정보를 ⑤ [사용자]가 요구사항에 대해 작성하면 챗GPT가 다음과 같이 PPT콘텐츠를 작성하여 ⑥ [발표자료 다운로드]를 할수 있도록 합니다.

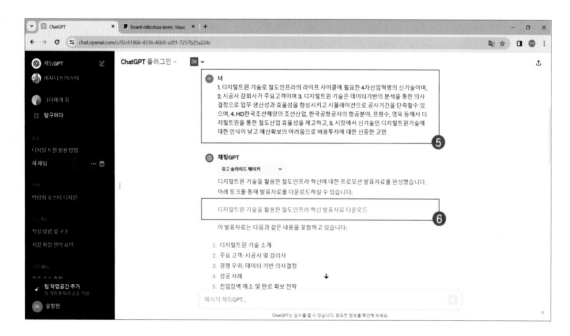

⑥ [발표자료 다운로드]를 클릭하면 PPT를 다운로드 할 수 있는 Slide Maker 화면으로 전환하게 됩니다. ⑦ [PPT콘텐츠]를 확인한 후 ⑧ [다운로드]를 클릭하고 ⑨ [Download PPTX]를 클릭한 후 자료를 다운로드 합니다.

Vox Script(스크립트) 영상

Vox Script 플러그인은 유튜브 링크를 제공하면 동영상 보지 않고도 내용을 순식간에 스크립트를 만들어 주게 됩니다. 유튜브를 업무에 많이 활용하거나 공부에 사용할 때 필요한 플러그인으로 ChatGPT 플러그인에서 먼저 ① [플러그인 스토어]를 클릭하도록 합니다.

Plugin store 창에서 ② [Vox Script] 키워드를 입력하면 Vox Script 플러그인이 스토어에서 나타나는데 ③ [Install]을 클릭하면 다운로드 됩니다.

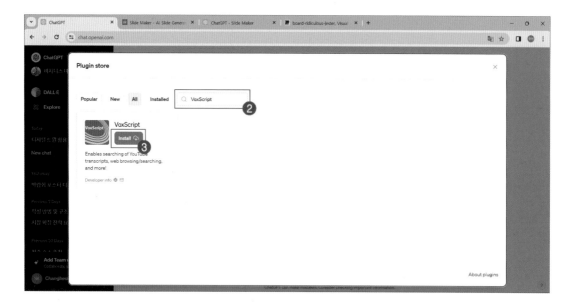

유튜브에서 원하는 동영상을 스크립트하기 위해 먼저 ④ [ChatGPT Plugins] 선택 한 다음
⑤ [Vox Script]를 선택합니다.

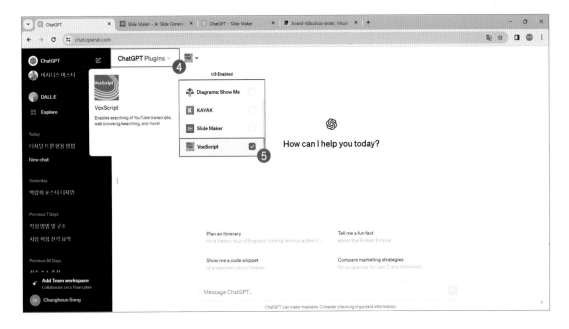

유튜브에서 스크립트하고 싶은 원하는 동영상을 ⑤ [키워드]를 통해 선택한 다음 동영상을
마우스 왼쪽을 클릭하여 ⑥ [동영상 URL 복사]를 클릭하도록 합니다.

복사한 ⑧ [동영상 URL]을 다음과 같이 넣고 클릭합니다.

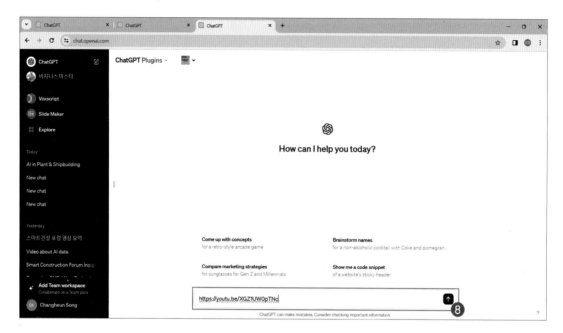

유튜브에서 원하는 동영상 URL을 클릭하면 ⑨ [ChatGPT]와 같이 요약해 줍니다. 영어를 한글로 변환을 위해서는 두가지 방법이 마우스 오른쪽을 클릭하여 ⑩ [한국어 번역]을 클릭하거나 ⑪ [키워드]로 한글 번역요청을 작성한 다음 클릭하도록 합니다.

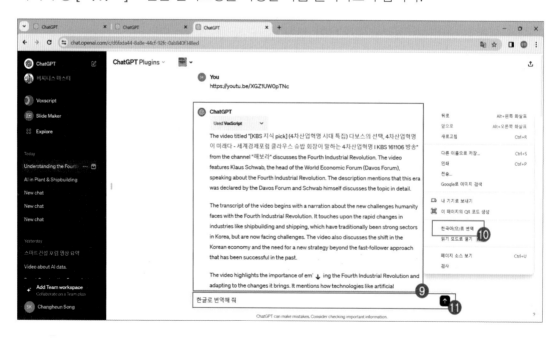

한글로 변환을 요청하면 ⑫ [ChatGPT]와 같이 변환을 해줍니다.

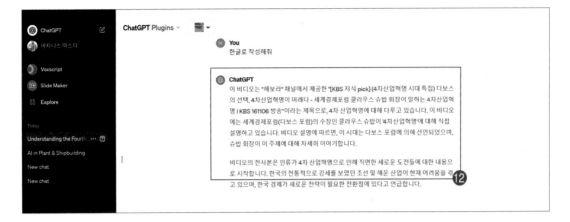

유튜브 동영상 스크립트 내용이 부족한 경우 ⑬ [프롬프트] 내용을 추가 작성하여 보완을
요청하도록 합니다.

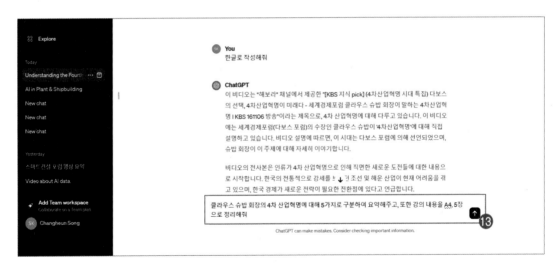

동영상 스크립트 부족한 내용을 다음 ⑭ [ChatGPT]와 같이 보완하여 해줍니다.

유용한 플러그인

● Wolfram

수학 물리학 화학 등 다양한 영역에 대한 질문과, 방정식 미적분 계산, 통계적 분석을 지원하는 플러그인 데이터 분석과 시각화 또한 제공합니다.

사용 방법

❶ 거리 계산 문제의 풀이

예를 들어 'Wolfram을 사용해서 서울과 모스크바의 거리를 km와 mile로 알려주고, 소요 시간과 시차를 알려 줘, 가능하면 이미지도 첨부해 줘'라고 요청합니다.

❷ 물리 문제의 풀이

다음으로 고등학교 1학년 수준의 물리 문제를 풀어보겠습니다. 문제는 다음과 같습니다.

> **문제:** 물체가 일정한 가속도로 움직이고 있습니다. 처음 5초 동안의 물체의 속도-시간 그래프는 아래와 같습니다.
> • 시간0초에서 속도는 0m/s입니다.
> • 시간5초에서 속도는 10m/s입니다.

이 정보를 바탕으로 다음 질문에 답하세요.

1. 물체의 가속도는 얼마입니까?
2. 처음 5초 동안 물체가 이동한 거리는 얼마입니까?

지금까지 수학/과학 문제 풀이를 제공하는 Wolfram의 사용 방법을 알아보았습니다. 다만 Chat GPT의 Plugin 항목은 파일 첨부 기능을 제공하지 않는 단점이 있습니다. 첨부하는 기능이 있다면 좀 더 편하게 사용할 수 있을 것이라는 아쉬움이 있습니다. Chat GPT에 같은 요청을 해도 프로그래밍 언어인 파이썬을 활용해 문제 풀이를 제공합니다. Wolfram과 Chat GPT를 비교하시면서 사용해 보시기를 바랍니다.

● WebPilot

URL로 정보 검색, 데이터 추출, 컨텐츠 번역 및 요약을 해줍니다.

예를 들어 뉴스 기사의 요약, 웹사이트의 내용 파악, 제품 비교 분석, 슬라이드 요약 등 마치 비서처럼 내 대신 웹의 내용을 요약해 주고 정리해 주는 플러그인입니다.

직장인이라면 보고서를 쓸때 시장조사를 하거나, 배경지식을 정리해야 할 때 쓰면 유용한 플러그인입니다.

특히, 콘텐츠를 만드는 인플루언서들이라면 이걸 활용해서 다양한 콘텐츠를 정리할 수 있는데요. 부동산 유튜버들이나 블로거들이 다양한 정보를 요약해서 정리할 수 있기 때문에 활용도가 높을 것으로 보입니다.

★ **Webpilot 웹파일럿이 브라우징 할 수 있는 정보:** 웹페이지, pdf, 데이터 등

● Link Reader

웹페이지나 문서의 링크를 읽고 정보를 추출할 수 있습니다. WEB PILOT과 다소 유사할 수 있는데, 온라인 리서치나 데이터 수집에 유리한 플러그인입니다.

★ **Link reader 링크리더 플러그인이 브라우징 할 수 있는 정보 유형 :**
   피피티, PDF, 웹페이지, 이미지, 워드 파일 등

> **Webpilot과 Link Reader의 차이점은?**
> 최근에는 link reader가 조금 더 인기가 있는 것 같습니다. 2개 플러그인의 활용도는 꽤나 비슷합니다. 다만 web pilot은 한 페이지 내에서 정보를 불러와서 정리하는 스타일이고, LInk reader의 경우 여러 짧은 검색 결과를 조합해서 보여주는 편입니다.

● AskYourPDF (PDF를 한번에 요약하기)

논문을 쓰거나, PDF를 활용하여 보고서를 쓸때 정말 많은 시간이 걸렸던 것을 이제는 CHAT GPT를 활용하면 한 번에 정리할 수 있게 되었습니다. 이 플러그인을 쓰려면 몇 가지 step이 필요합니다. 바로 ChatGPT에게 어떻게 파일을 업로드하면 될지 알려달라고 요청해야 하며, 문서의 id를 알려줘야 하는데요. 다음의 스텝을 참고해서 한번 활용해 보세요

❶ ChatGPT-4에게 pdf를 업로드할 링크를 알려줘라고 프롬프트를 입력합니다.
❷ ChatGPT-4가 그럼 업로드할 링크를 알려줍니다. 링크는 Upload document라고 주어집니다.

❸ Upload Document 링크를 클릭하면 파일을 업로드할 수 있는 창이 나타납니다.

❹ 파일을 업로드하면 문서 id를 알려줍니다.

❺ 문서 id를 복사해서 플러그인을 활성화한 상태에서 ChatGPT-4 창에 입력합니다.

❻ 프롬프트로 주요 내용을 요약해 달라고 요청해 봅니다. (프롬프트: 주요 내용을 요약해 줘)

❼ 요약된 내용이 영문이라면, 한국어로 번역을 요청합니다. (프롬프트: 한국어로 번역해 줘)

이 외에도 비슷한 플러그인으로는 Access PDF& Docs, AI PDF, ChatWithPDF 등도 있습니다. 이 세 가지 모두 유사한 플러그인으로 비슷한 방식으로 사용해 보시면 됩니다. 각각 사용해 보시면서 결괏값을 비교해 보시는 것도 추천드립니다.

● Schola AI : 논문 찾고 분석하는 시간을 줄여줍니다.

특정 키워드에 대한 논문을 알아서 찾아주고, 특정 논문을 분석할 수 있는 플러그인

● Diagrams Show me (손쉽게 다이어그램 그리기)

피피티를 만들다 보면 텍스트로만 만들 수가 없고, 다양한 다이어그램을 넣어서 구조화하는 것이 중요합니다. 그런 의미에서 다이어그램은 피피티 구성에 있어 필수적인데요. 사실 다이어그램 만드는 게 쉽지 않은데, 이 방식을 활용하면 손쉽게 다이어그램을 만들 수가 있습니다. 사용방법은 간단합니다. 궁금한 질문을 프롬프트에 입력하고 설명해 달라고 하면 됩니다.

★ **프롬프트 예시:** '위 등장 배경에 대해 자세히 알려줘' 질문하고 다이어그램이 나오지 않는 경우 '위 내용을 다이어그램으로 그려줘' 하면 자세하게 다이어그램을 그려준다.

● Zapier (Google 시트, Salesforce 등 5000개 이상의 앱과 상호 작용합니다)

5000개 이상의 앱을 통합적으로 관리할 수 있는 대화형 형식의 Zapier ChatGPT 플러그인을 사용하여 모든 작업을 완료할 수 있습니다. Zapier를 코딩 앱과 통합하고 ChatGPT 플러그인을 사용하여 단일 앱에서 작업을 완료할 수 있습니다.

● Prompt Perfect

프롬프트 퍼펙트 플러그인은 사용자가 GPT 모델에게 전달하는 프롬프트를 보다 정확하고 명확한 요청으로 개선하는 데 중점을 둡니다. 이를 통해 사용자는 어색하거나 불분명한 프롬프트를 수정하고 GPT 모델과의 상호 작용을 개선할 수 있습니다. "perfect"이라는 단어를 프롬프트에 포함시켜 활성화할 수 있으며, 이는 언어의 정확성을 높이고 유용한 응답을 얻을 수 있는 도구입니다.

● **Video Insights :**

비디오 인사이트 플러그인은 비디오 콘텐츠를 분석하고 요약하는 데 사용됩니다. 이 플러그인은 YouTube 동영상을 비롯한 다양한 비디오 콘텐츠의 스크립트, 메타데이터 및 기타 정보를 추출하여 제공합니다. 사용자는 비디오의 내용을 전체 시청하지 않고도 간결한 개요를 얻을 수 있으며, 이는 비디오 콘텐츠를 빠르게 이해하는 데 도움이 됩니다.

● **Speechki :**

Speechki 플러그인을 통해 텍스트를 오디오로 변환할 수 있습니다. 이 플러그인은 학습, 독서 또는 접근성 요구 사항에 적합한 훌륭한 도구를 제공합니다.

● **Bramework :** 키워드와 SEO 정보 및 분석을 찾습니다.

● **Speak :** 모든 언어로 어떤 것이든 말하는 방법을 배웁니다.

● **KeyMate :** 사용자 정의 검색 엔진을 사용하여 웹을 검색합니다.

● **Portfolio Pilot :** AI 투자 가이드로, 포트폴리오 평가와 모든 질문에 대한 답변을 제공합니다.

● **Yabble :** 궁극의 AI 연구 조수 · 설문조사, 대상 그룹을 만들고 데이터를 수집합니다.

● **Golden :** 회사에 대한 현재 사실적인 데이터를 제공하여 더 깊은 투자 분석을 가능하게 합니다.

● **Kraftful :** 제품 개발에 대한 베스트 프랙티스를 배우거나 전문가의 조언을 받습니다.

● **Wishbucket :** 모든 한국 플랫폼과 브랜드를 통합하여 제품 검색을 합니다.

● **EdX :** 선도적인 대학에서 모든 수준의 과정을 찾습니다.

● **BizToc :** 비즈니스와 금융 뉴스를 제공합니다.

● **Yay! Forms :** AI가 지원하는 양식, 설문조사, 퀴즈를 만듭니다.

● **CreatiCode Scratch :** 스크래치 프로그램을 이미지로 표시하고 Creaticode 확장을 사용하여 2D/3D 프로그램을 작성합니다.

● **Polygon :** 주식, 암호화폐 등에 대한 모든 시장 데이터를 제공합니다.

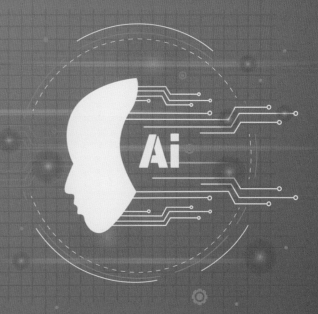

5강 | GPTs를 활용한
업무효율 극대화 노하우

GPTs를 활용한 업무효율 극대화 노하우

맞춤형 GPTs는 기본적으로 사용자의 특성 요구사항과 맥락에 맞추어 조정된 AI 모델입니다. 기존의 일반적인 GPT 모델과 다르게, 특정 분야의 지식이나 특정 언어 스타일, 개인적인 취향에 맞추어 훈련될 수 있습니다. 이러한 맞춤형 접근 방식은 GPT의 활용 범위를 대폭 확장시키며, 더욱 개인 화된 경험을 제공합니다. 사용자의 특정 목적에 맞게 챗GPT 버전을 위해서는 먼저 ① [Explore]를 클릭합니다.

My GPTs 목록의 맨 위 ② [Create a GPT]를 클릭 합니다.

② [Create a GPT] 클릭하면 다음과 같은 창이 뜨는데 왼쪽에는 대화를 통해 설정을 변경할 수 있는 ③ [GPT Builder] 창과 오른쪽에는 실시간으로 테스트할 수 있는 ④ [Preview] 창으로 구성되어 있습니다.

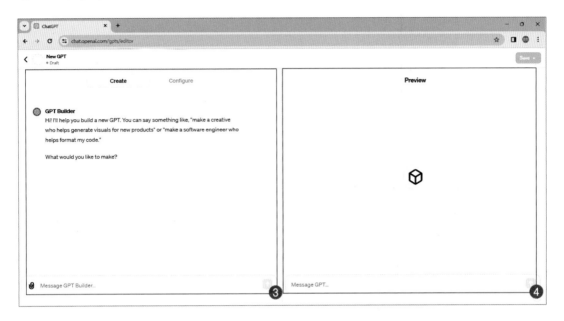

GPT를 만드는 방법은 2가지가 있는데 대화로 GPT Builder를 학습시키는 ⑤ [Create]와 학습 데이터를 제공하는 ⑥ [Configure]이 있습니다. 먼저, 대화로 GPT Builder를 학습시키는 방법으로 ⑤ [Create] 창에 GPT Builder는 내가 입력하는 설명을 기반으로 챗봇을 만들어주기 때문에 설명을 최대한 상세하게 작성해야 합니다.

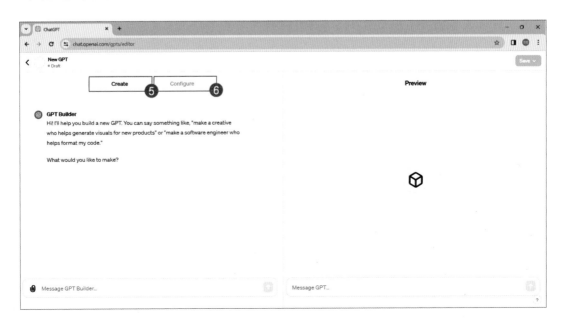

① [GPT Builder]가 나만의 챗GPT를 만들어 주겠다는 메시지를 다음과 같이 묻고 있습니다.

안녕하세요! 새 GPT를 만드는 것을 도와드리겠습니다. "새 제품의 비주얼을 생성하는 데 도움을 주는 크리에이티브를 만들어 주세요." 또는 "내 코드의 형식을 지정하는 데 도움을 주는 소프트웨어 엔지니어를 만들어 주세요."와 같이 말할 수 있습니다.
무엇을 만들고 싶으신가요?

만들고자 하는 GPT를 ② [채팅] 창에 내용을 작성합니다.

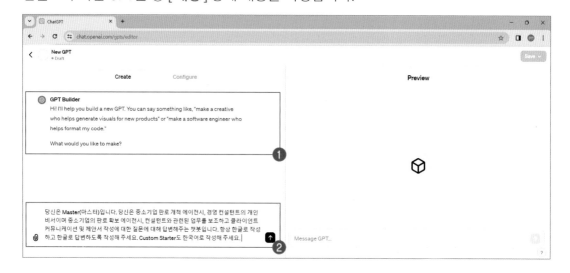

작성한 내용을 보고 ③ [GPT Builder] 가 커스텀 GPT에 어울리는 이름을 제안합니다.

훌륭한 선택입니다! 이 가상 비서의 이름을 GPT 마스터라고 짓는 것이 좋겠습니다. 고객 커뮤니케이션, 제안서 작성 등의 업무를 처리하는 중소기업 비즈니스 개발을 위한 한국어 가상 비서 역할을 하게 될 것입니다. 마스터라는 이름이 마음에 드시나요?

변경하고 싶다면 다시 변경할 ④ [메세지] 내용을 작성합니다.

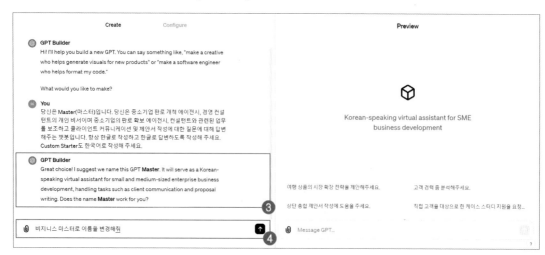

이름이 결정되면 어울리는 대표 이미지를 자동으로 생성해줍니다. ⑤ [GPT Builder]를 확인하고 이미지가 마음에 들면 수락하고 그렇지 않으면 다시 그려달라고 요청합니다.

비지니스 마스터의 프로필 사진입니다. 펜, 메모장, 디지털 커뮤니케이션 아이콘과 같은 요소를 세련된 손그림 스타일로 표현하여 전문 비즈니스 비서의 모습을 담았습니다. 이 이미지에 대해 어떻게 생각하시나요? 변경하고 싶은 부분이 있나요?

마음에 들지 않으면 ⑥ [메세지]와 같이 원하는 이미지로 다시 그려달라고 요청합니다.

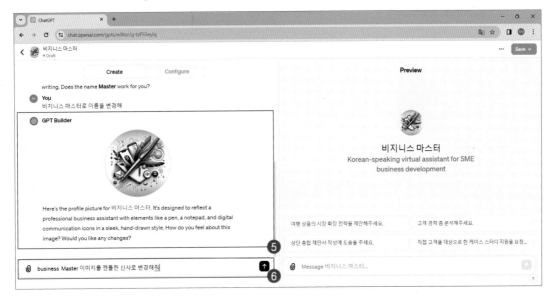

변경된 ⑦ [GPT Builder]의 이미지와 메시지 내용을 확인합니다.

비지니스 마스터의 프로필 사진이 비즈니스의 전문성을 상징하는 세련되고 신사적인 신사의 모습으로 업데이트되었습니다. 새로운 이미지가 여러분의 기대에 부응하나요?

원하는 이미지에 대해 좀 더 구체적인 ⑧ [메시지]를 작성합니다.

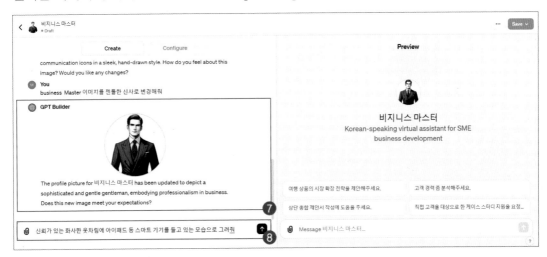

변경된 ⑨ [GPT Builder]를 다시 한번 더 확인합니다.

비지니스 마스터의 새로운 프로필 사진은 밝고 신뢰감 있는 복장을 한 사람이 스마트 기기를 들고 있는 모습으로, 현대적인 비지니스 감각을 상징합니다. 이 이미지가 당신의 비전과 일치하나요?

이미지가 마음에 들면 ⑩ [메세지]를와 같이 작성하여 수락합니다.

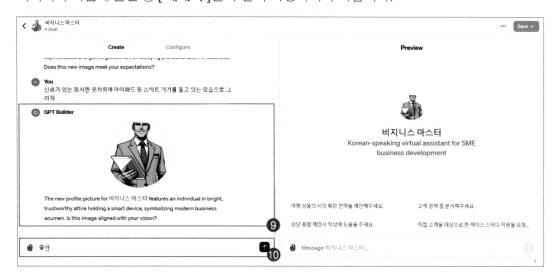

이미지를 수락하면 ⑪ [GPT Builder]와 같이 다시 질의가 나타납니다.

이미지가 마음에 드신다니 다행입니다! 이제 비지니스 마스터의 맥락을 좀 더 구체화해 보겠습니다. 어떤 특정 유형의 작업이나 질문을 특히 잘 처리해야 하나요? 여기에는 특정 비지니스 영역, 상담 유형 또는 강조하고 싶은 특별한 기능이 포함될 수 있습니다.

질의 내용을 확인하고 ⑫ [메세지]와 같이 자세히 요구사항을 작성합니다.

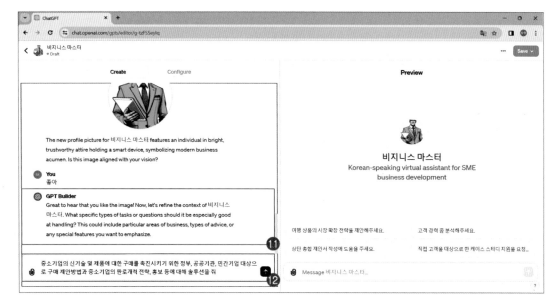

메시지를 작성하면 ⑬ [GPT Builder]와 같이 질의를 합니다.

이제 비지니스 마스터가 중소기업의 신기술 및 제품 홍보를 위한 솔루션을 제공하고, 다양한 조직에 도달하기 위한 전략과 시장 확장에 중점을 두도록 맞춤화되었으니 다음 단계로 넘어가 보겠습니다. 비지니스 마스터는 사용자와 어떤 방식으로 소통해야 하나요? 예를 들어 격식을 차려야 할까요, 아니면 캐주얼하게 해야 할까요, 설명은 얼마나 자세하게 해야 할까요? 이는 상호 작용의 어조와 접근 방식을 정의하는 데 도움이 됩니다.

질의 내용을 확인하고 ⑭ [메세지]와 같이 요구사항을 작성하도록 합니다.

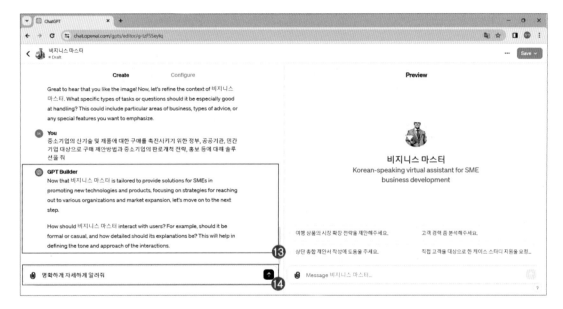

① 요구사항을 작성하면 ⑮ [GPT Builder]와 같이 질의를 합니다.

비지니스 마스터는 명확하고 상세한 답변을 제공하도록 설정되어 있으므로 사용자에게 포괄적인 인사이트를 제공할 준비가 되어 있습니다.이제 개인화에 대해 질문하고 싶습니다.비지니스 마스터는 어떻게 응답을 개인화해야 하나요? 예를 들어 특정 산업을 참조하거나, 비지니스 규모에 맞게 조언을 맞춤화하거나, 사용자의 비지니스 경험 수준을 고려해야 하나요? 이렇게 하면 더 관련성 있고 효과적인 상호작용을 하는 데 도움이 됩니다.

추가로 요구사항이 없으면 종료하도록 합니다.

Create에서 기본적인 이름, 설명, 프로필 이미지 등 설정이 완료되면 ① [Configure(구성)]을 클릭하여 ② [Name], ③ [Description(설명)], ④ [Instructions(지침)]이 있으며,

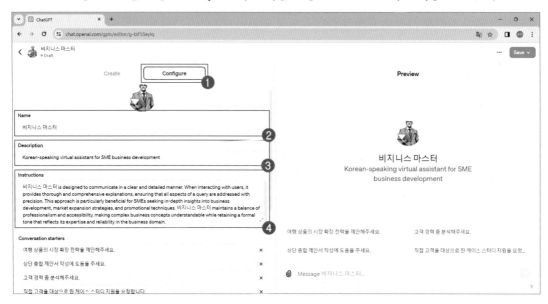

⑤ [Conversation starters(대화 시작하기)]와 같이 GPTs에게 대화를 시작할 수 있는 키워드를 제 공하는 곳입니다. ⑥ [Knowledge(지식)]에서는 텍스트파일(txt), 엑셀 파일, PDF 등을 지식으로 업로 드할 수 있습니다. GPT에서 원하는 ⑦ [Capabilities(기능)]에는 웹에서 데이터를 가져올 필요가 있 을 때 Web Browsing, DALL-E를 통해서 이미지를 생성할 필요가 있을 때 DALL·E Image Generation, 코드를 이해시키고 싶을 때 Code Interpreter 기능이 있습니다. 외부와 연동하거나 특정 동작을 수행 할 수 있는 ⑧ [Actions(작업)] 등 다양한 옵션을 통해 GPT를 세부적으로 조정할 수 있습니다.

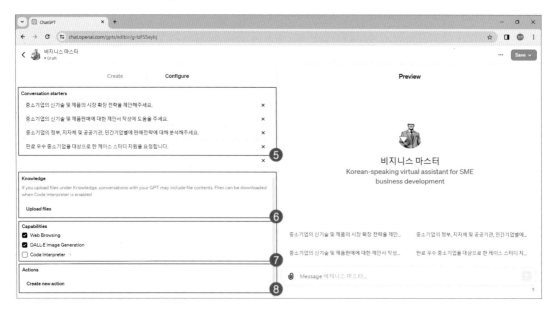

설정이 다 끝나면 오른쪽 상단 ⑨ [Save(저장)]을 클릭하여 옵션을 선택하도록 합니다. 옵션은 ⑩ [Only me, Anyone with a link, Everyone]등이 있으며 옵션 선택 후 Confirm(확인)을 클릭하면 저장이 완료됩니다.

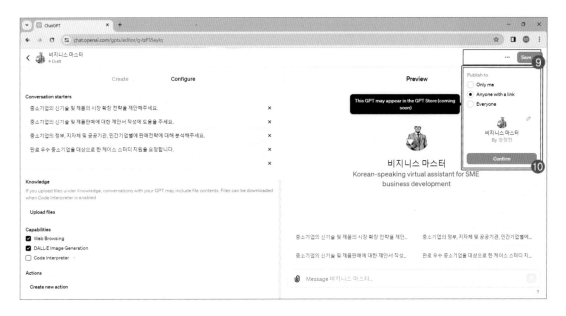

설정이 다 끝나면 GPT Builder가 만들어 준 ⑪ [질문]과 ⑫ [비지니스 마스터]와 직접 대화를 시작 할 수 있습니다. GPT Builder가 만들어 준 질문으로 대화 시작을 위해서는 ⑪ [질문]을 클릭하도록 합니다.

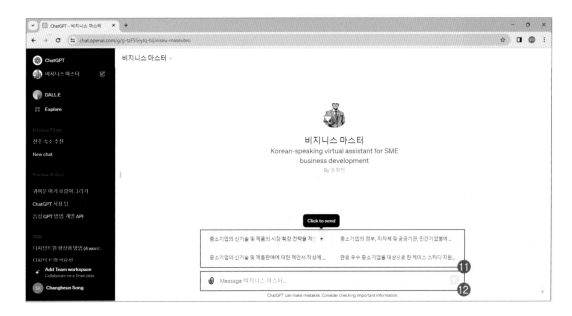

GPT Builder가 만들어 준 ⑬ [질문]에 대해 ⑭ [비지니스 마스터]가 답변을 해줍니다.

⑮ [질문]은 GPT Builder가 만들어 준 질문이며, 직접 대화를 시작하기 위해서는 ⑯ [Message]에
요구사항을 작성하면 됩니다.

직접 대화한 ⑰ [질문]에 대해 다음과 같이 ⑱ [비지니스 마스터]가 답변을 해줍니다.

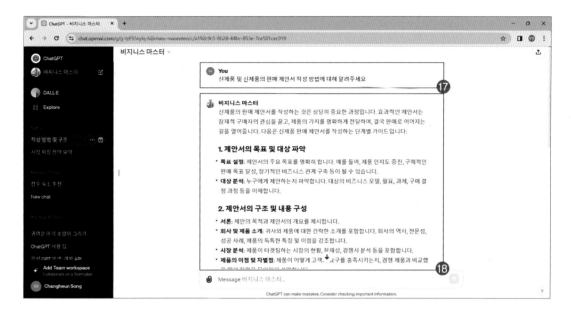

대화 답변 맨 하부에는 ⑲ [Copy, Good response, Bad response, Regenerate]가 있으며 복사, 추천 여부 등을 선택할 수 있습니다.

① [화살표]를 클릭하면 Share link to Chat(채팅 공유 링크) 창이 나오며 ② [More info]와 ③ [Copy Like]가 있습니다. ② [More info]를 클릭하면 ChatGPT 공유 링크 FAQ에 대한 내용이며 ③ [Copy Like]를 클릭하면 공유 대화 URL을 클립보드에 복사를 하며 ④ [×]는 Share link to Chat 창을 종료하게 됩니다.

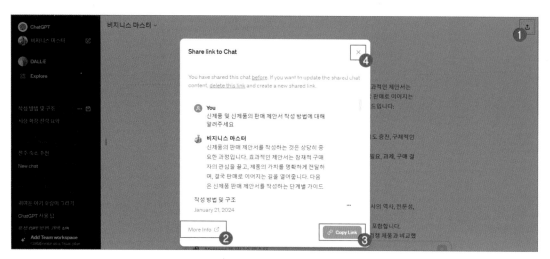

③ [Copy Like]를 클릭하면 ⑤ [ChatGPT 공유 링크 FAQ]에 대한 내용에 대해 자세히 알수 있습니다.

② [More info]를 클릭하면 ⑥ [Copied shared conversation URL to clipboard!] 메시지가 나타납니다.

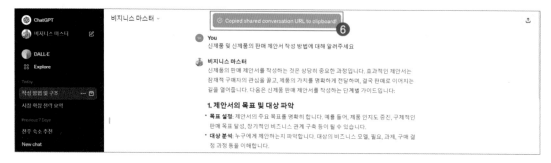

⑦ [비지니스 마스터]를 클릭하면 New chat, About, Edit GPT, Hide from sidebar, Copy link, Report, Share chat 메뉴가 있습니다.

왼쪽 상단의 비지니스 마스터에서 ⑧ [New chat]을 클릭하여 새 채팅 창을 열도록 합니다.

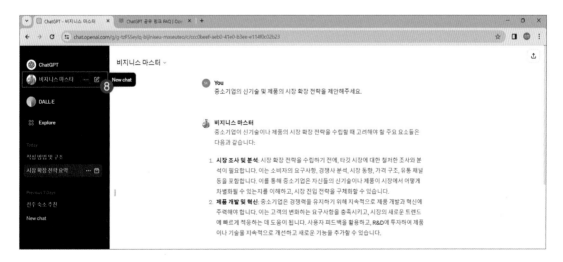

⑧ [New chat]을 클릭하면 ⑨ [새 채팅] 창에서 새 채팅을 시작 할 수 있습니다.

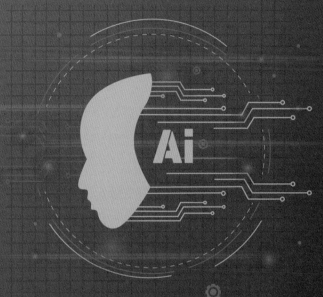

6강 | 챗GPT와 아이디어 만들기

6강 챗GPT와 아이디어 만들기

신제품 아이디어 프롬프트

1 개요와 특징

신제품 아이디어 프롬프트는 신제품 개발을 위한 아이디어를 도출하기 위해 사용되는 도구입니다. 프롬프트는 다양한 질문이나 주제로 구성되어 있으며, 사용자는 이러한 프롬프트에 대한 답변을 통해 신제품 아이디어를 떠올릴 수 있습니다.

신제품 아이디어 프롬프트의 특징은 다음과 같습니다.

▶ **개방적이고 창의적인 사고를 유도합니다.**

프롬프트는 사용자에게 특정 방향으로 사고하도록 제한하지 않습니다. 따라서 사용자는 자유롭고 창의적인 사고를 통해 새로운 아이디어를 도출할 수 있습니다.

▶ **다양한 관점의 아이디어를 도출합니다.**

프롬프트는 다양한 질문이나 주제로 구성되어 있습니다. 따라서 사용자는 다양한 관점에서 아이디어를 생각해 볼 수 있습니다.

▶ **신제품 개발 과정을 효율화합니다.**

프롬프트는 신제품 개발 과정의 초기 단계에서 아이디어를 도출하는 데 도움이 됩니다. 따라서 신제품 개발 시간을 단축하고 효율성을 높일 수 있습니다.

신제품 아이디어 프롬프트는 다양한 분야에서 사용될 수 있습니다. 예를 들어, 기업은 신제품 개발을 위해 프롬프트를 사용할 수 있고, 개인은 창의적인 아이디어를 도출하기 위해 프롬프트를 사용할 수 있습니다.

신제품 아이디어 프롬프트를 사용할 때는 다음과 같은 사항을 고려하는 것이 좋습니다.

▶ **프롬프트의 목적을 명확히 합니다.**

프롬프트는 신제품 개발의 어떤 단계에서 사용할 것인지, 어떤 목적으로 사용할 것인지를 명확히 해야 합니다.

▶ **프롬프트의 대상을 고려합니다.**

- 프롬프트는 대상의 특성과 수준에 맞게 설계해야 합니다.
- 프롬프트를 적절히 활용합니다. 프롬프트는 단순히 답변을 생각해 보는 것이 아니라, 다양한 관점에서 아이디어를 생각해 보는 데 활용해야 합니다.

▶ 신제품 아이디어 프롬프트의 예시

- 사용자의 니즈를 충족시키는 신제품은 무엇일까요?
- 현재의 기술을 어떻게 활용하여 새로운 제품을 만들 수 있을까요?
- 미래의 트렌드를 반영한 신제품은 무엇일까요?
- 신제품 아이디어 프롬프트를 활용하여 창의적인 신제품 아이디어를 도출해 보시기 바랍니다.

2 싱글턴 방식 VS 멀티턴 방식

신제품 아이디어 프롬프트는 신제품을 개발하기 위한 아이디어를 얻기 위해 사용되는 질문이나 문장입니다. 프롬프트는 크게 싱글턴 방식과 멀티턴 방식으로 나눌 수 있습니다.

싱글턴 방식

신제품 아이디어 프롬프트 싱글턴 방식은 신제품 아이디어를 도출하는 방법의 하나로, 하나의 프롬프트를 중심으로 다양한 관점에서 아이디어를 도출하는 방식입니다.

이 방식은 다음과 같은 단계로 진행됩니다.

❶ 프롬프트 선정

먼저, 신제품 아이디어를 도출할 분야와 방향성을 결정하고, 이에 적합한 프롬프트를 선정합니다. 프롬프트는 신제품 아이디어의 방향성을 제시하는 역할을 하므로, 신중하게 선정해야 합니다.

❷ 프롬프트 분석

프롬프트를 선정한 후에는 프롬프트를 자세히 분석합니다. 프롬프트의 의미, 핵심 요소, 연관된 개념 등을 파악하여 아이디어 도출의 기반을 마련합니다.

❸ 관점 설정

프롬프트를 분석한 후에는 다양한 관점을 설정합니다. 프롬프트의 관점, 사용자의 관점, 시장의 관점, 기술의 관점 등 다양한 관점에서 아이디어를 도출할 수 있습니다.

❹ 아이디어 도출

설정한 관점을 바탕으로 아이디어를 도출합니다. 프롬프트의 핵심 요소를 중심으로, 다양한 연관된 개념을 활용하여 아이디어를 발전시킵니다.

❺ 아이디어 평가

도출한 아이디어를 평가합니다. 아이디어의 타당성, 실현 가능성, 시장성 등을 고려하여 평가합니다.

◉ 싱글턴 방식의 장점

- 하나의 프롬프트를 중심으로 아이디어를 도출하므로, 아이디어의 일관성과 통일성을 유지할 수 있습니다.
- 다양한 관점을 설정하여 아이디어를 도출하므로, 창의적이고 새로운 아이디어를 도출할 수 있습니다.

◉ 싱글턴 방식의 단점

- 프롬프트 선정이 중요합니다. 프롬프트가 잘못 선정될 경우, 원하는 결과를 얻지 못할 수 있습니다.
- 아이디어 도출에 시간이 소요될 수 있습니다. 다양한 관점에서 아이디어를 도출하기 위해서는 충분한 시간을 투자해야 합니다.

◉ 싱글턴 방식 적용 시 효과적인 경우

- 신제품 아이디어의 방향성과 핵심 요소가 명확한 경우
- 창의적이고 새로운 아이디어를 도출하고자 하는 경우
- 아이디어 도출에 충분한 시간을 투자할 수 있는 경우

◉ 싱글턴 방식 적용 시 고려사항

- 프롬프트를 선정할 때는 신제품 아이디어의 방향성과 핵심 요소를 고려하여 선정해야 합니다.
- 프롬프트를 분석할 때는 프롬프트의 의미, 핵심 요소, 연관된 개념 등을 파악하여 아이디어 도출의 기반을 마련해야 합니다.
- 아이디어를 도출할 때는 다양한 관점을 설정하여 창의적이고 새로운 아이디어를 도출해야 합니다.
- 아이디어를 평가할 때는 아이디어의 타당성, 실현 가능성, 시장성 등을 고려하여 평가해야 합니다.

◉ 싱글턴 방식 프롬프트 작성 시 유의점

- **개방형 질문을 사용하세요.**
  닫힌 질문은 단답형의 답변을 유도하기 때문에 창의적인 아이디어를 얻기 어렵습니다.
- **고객의 니즈와 요구 사항을 고려하세요.**
  고객이 무엇을 필요로 하고 원하는지 파악한 후 이를 반영한 프롬프트를 작성하세요.
- **도전적인 생각을 유도하세요.**
  기존의 패러다임을 깨는 생각을 하도록 유도하는 프롬프트를 작성하세요.

> **싱글턴 방식 프롬프트의 예시**
> - 새로운 스마트폰의 기능은 어떤 것이 있을까요?
> - 새로운 자동차의 디자인은 어떻게 하면 더 세련되게 할 수 있을까요?
> - 새로운 숙박 시설의 서비스는 어떤 것이 있을까요?

멀티턴 방식

신제품 아이디어 프롬프트 멀티턴 방식은, 사용자와 AI가 대화를 통해 신제품 아이디어를 도출하는 방식입니다. 사용자는 AI에게 제품의 범주, 타겟 고객, 제품의 목적, 제품의 특징 등과 같은 정보를 제공하고, AI는 이를 바탕으로 신제품 아이디어를 제안합니다.

멀티턴 방식은 단순히 AI가 사용자에게 아이디어를 제시하는 방식이 아니라, 사용자와 AI가 서로의 의견을 교환하고 조율하면서 아이디어를 발전시켜 나가는 방식입니다. 따라서 사용자의 요구 사항을 더 정확하게 파악하고, 사용자의 만족도를 높일 수 있는 장점이 있습니다.

멀티턴 방식의 신제품 아이디어 프롬프트는 다음과 같은 단계로 진행됩니다.

❶ 사용자의 요구 사항 파악

사용자는 AI에게 제품의 범주, 타겟 고객, 제품의 목적, 제품의 특징 등과 같은 정보를 제공합니다. AI는 이를 바탕으로 사용자의 요구 사항을 파악합니다.

❷ AI의 아이디어 제시

AI는 사용자의 요구 사항을 바탕으로 신제품 아이디어를 제시합니다. 제시된 아이디어는 제품의 이름, 제품의 기능, 제품의 디자인 등과 같은 내용을 포함합니다.

❸ 사용자의 피드백

사용자는 AI가 제시한 아이디어에 대해 피드백을 제공합니다. 피드백은 아이디어의 수정, 추가, 삭제 등과 같은 내용을 포함할 수 있습니다.

❹ AI의 아이디어 반영

AI는 사용자의 피드백을 반영하여 아이디어를 수정합니다. 수정된 아이디어는 사용자에게 다시 제시됩니다.

이러한 과정을 반복하면서 사용자와 AI는 서로의 의견을 교환하고 조율하면서 아이디어를 발전시켜 나갑니다.

▶ 멀티턴 방식 장점

- 사용자의 요구 사항을 보다 정확하게 파악할 수 있습니다.
- 사용자의 만족도를 높일 수 있습니다.
- 보다 창의적이고 혁신적인 아이디어를 도출할 수 있습니다.

▶ 멀티턴 방식 단점

- 프로세스가 복잡하고 시간이 오래 걸릴 수 있습니다.
- 사용자의 참여가 필요하므로, 사용자의 협조가 필요합니다.

⊙ 멀티턴 방식의 프롬프트 작성 유의점

- **고객의 니즈와 요구 사항을 파악하기 위한 질문을 먼저 하세요.**
  고객의 니즈와 요구 사항을 파악한 후 이를 바탕으로 아이디어를 도출할 수 있습니다.

- **아이디어를 구체화하기 위한 질문을 하세요.**
  아이디어를 구체화하는 데 필요한 정보를 얻기 위한 질문을 하세요.

- **아이디어의 실현 가능성을 고려하기 위한 질문을 하세요.**
  아이디어를 현실적으로 구현할 수 있는지 확인하기 위한 질문을 하세요.

멀티턴 방식 프롬프트의 예시

- 새로운 스마트폰의 타겟 고객은 누구일까요?
- 새로운 스마트폰의 주요 사용 용도는 무엇일까요?
- 새로운 스마트폰의 차별화 요소는 무엇일까요?
- 새로운 스마트폰의 가격은 얼마로 책정해야 할까요?

⊙ 싱글턴 방식과 멀티턴 방식의 장단점 GPT 구글 바드 답변내용

방식	장점	단점
싱글턴	간단하고 직관적	고객의 니즈와 요구 사항을 충분히 파악하기 어려움
멀티턴	고객의 니즈와 요구 사항을 파악하기 용이	프롬프트를 통해 얻을 수 있는 아이디어의 양이 적을 수 있음

⊞ Sheets로 내보내기

신제품 아이디어 프롬프트를 적절하게 활용하면 창의적이고 실현 가능한 신제품 아이디어를 얻는 데 도움이 될 것입니다 물론 싱글턴 방식과 멀티턴 방식 중 어느 방식이 더 좋은지는 상황에 따라 다릅니다.

싱글턴 방식은 시간이 부족하거나 간단한 아이디어를 얻고자 할 때 유용합니다.
멀티턴 방식은 고객의 니즈와 요구 사항을 충분히 파악하고 구체적이고 실현 가능한 아이디어를 얻고자 할 때 유용합니다.

신제품 아이디어 프롬프트를 사용할 때는 위의 내용을 참고하여 상황에 맞는 프롬프트를 작성하시기 바랍니다.

스캠퍼 기법

싱글턴 방식과 멀티턴 방식을 사용해서 결과를 도출해 냈을 때 좀 더 창의적 아이디어 솔루션을 생성하는 데 필요한 기법들이 있습니다. 그중 하나는 스캠퍼(SCAMPER) 기법입니다.

스캠퍼 기법은 창의적인 아이디와 솔루션을 생성하기 위한 강력한 도구입니다. 기존 아이디어나 제품을 수정하거나 가감하는 일곱 가지 아이디어 변경 방식의 첫 글자를 따서 만든 용어입니다.

S Substitute : 대체하다
질문 : 다른 에너지, 색상, 재료를 바꾸면?
사례 : 나무젓가락 ➡ 플라스틱 / 면장갑 ➡ 가죽장갑

C Combine : 결합하다
질문 : 서로 다른 물건을 아이디어로 결합하면?
사례 : 복합기 = 복사기 + 팩스 /
　　　　롤러스케이트 = 운동화+바퀴

A Adapt : 적용하다
질문 : 비슷한 부분을 어디에 적용할 수 있을까?
사례 : 우엉 씨알 ➡ 벨크로(찍찍이) /
　　　　단풍잎 씨 ➡ 헬리콥터

M Modify : 수정하다
질문 : 의미, 색상, 향기, 형태 등을 바꾸면?
사례 : (직선) 물파스 ➡ 기역자/(둥근) 연필 ➡ 사각

P Put to other uses : 용도를 변경하다
질문 : 모양, 무게, 형태를 다른 용도로 사용하면?
사례 : 우산 ➡ 양산 / 연필심 ➡ 갈아서 지문 채취

E Eliminate : 제거하다
질문 : 없애 버리면?
사례 : 유선 마우스 ➡ 무선 마우스

R Reverse : 반전시키다
질문 : 반대 또는 거꾸로 하면?
사례 : 양말 ➡ 장갑

▶ 스캠퍼 기법 사용 방법

- 발상 대상을 선정합니다.
- 발상 대상에 대해 충분히 이해합니다.
- 발상 대상에 대해 스캠퍼 기법의 7가지 질문을 적용합니다.
- 발생한 아이디어를 자유롭게 기록합니다.
- 발생한 아이디어를 검토하고 평가합니다.

▶ 스캠퍼 기법 활용사례

- **제품 개발:** 새로운 제품의 아이디어 도출
- **서비스 개발:** 새로운 서비스의 아이디어 도출
- **마케팅:** 새로운 마케팅 전략의 아이디어 도출
- **문제 해결:** 문제 해결을 위한 아이디어 도출

◐ 스캠퍼 기법 사용시 유의점

- 비판하지 않고 자유롭게 아이디어를 생각합니다.
- 기존의 상식을 깨고 새로운 시각으로 접근합니다.
- 발생한 아이디어를 적극적으로 실행합니다.

스캠퍼 기법은 누구나 쉽게 사용할 수 있는 아이디어 발상법입니다. 다양한 분야에서 활용하여 창의적인 아이디어를 도출해 보시기 바랍니다.

여섯 가지 사고모자 기법

1 개요와 특징

여섯 가지 사고모자 기법은 1985년 영국의 에드워드 드 보노(Edward de Bono) 박사가 개발한 사고 도구입니다. 여섯 가지 색깔의 모자를 사용하여 각각의 사고방식을 구분하고, 한 번에 한 가지 사고방식에 집중하여 사고를 체계적으로 진행하는 방법입니다.

◐ 여섯 가지 사고모자와 그에 따른 사고방식

① **흰색 모자** : 사실과 정보에 초점을 맞추는 사고방식입니다. 문제에 대한 모든 관련 정보를 수집하고 정리합니다.

② **빨간색 모자** : 감정과 직관에 초점을 맞추는 사고방식입니다. 문제에 대한 자신의 느낌과 감정을 표현합니다.

③ **노란색 모자** : 긍정적인 측면에 초점을 맞추는 사고방식입니다. 문제의 장점과 가능성을 찾습니다.

④ **검은색 모자** : 부정적인 측면에 초점을 맞추는 사고방식입니다. 문제의 단점과 위험을 분석합니다.

⑤ **초록색 모자** : 창의적인 아이디어를 모으는 사고방식입니다. 기존의 틀을 벗어난 새로운 아이디어를 제시합니다.

⑥ **파랑 모자** : 논리적이고 합리적인 관점으로 살펴보는 사고방식입니다. 회의 주최자의 관점으로 보통 회의 전이나 회의를 마무리할 때 씁니다.

◐ 여섯 가지 사고모자 기법을 활용한 신제품 마케팅 전략의 장점

- 다양한 관점에서 문제를 해결하고 아이디어를 도출할 수 있습니다.
- 신제품의 경쟁우위 및 차별화 전략을 수립할 수 있습니다.
- 신제품 출시 및 마케팅 전략의 효과적인 실행을 도모할 수 있습니다.

◐ 여섯 가지 사고모자 기법을 활용한 신제품 마케팅 전략의 단점

- 시간과 노력이 많이 소요될 수 있습니다.
- 현실과의 괴리가 발생할 수 있습니다.
- 주관적인 판단이 개입될 수 있습니다.

▶ **여섯 가지 사고모자 기법 활용**

- **문제 해결:** 문제의 원인을 파악하고 해결책을 모색할 때
- **의사 결정:** 의사 결정의 다양한 관점을 고려하여 최고의 선택을 할 때
- **브레인스토밍:** 새로운 아이디어를 도출할 때

▶ **여섯 가지 사고모자 기법 활용시 효과**

- 다양한 관점으로 문제를 바라볼 수 있습니다.
- 감정과 논리를 분리하여 사고할 수 있습니다.
- 창의적인 아이디어를 도출할 수 있습니다.

▶ **여섯 가지 사고모자 기법 사용시 참고사항**

- 모자의 색깔을 나타내는 깃발이나 표지판을 준비합니다.
- 문제를 제시하고, 각 모자의 역할을 설명합니다.
- 모자를 차례대로 착용하며, 해당 모자의 역할을 수행합니다.

여섯 가지 사고모자 기법은 다양한 상황에서 활용할 수 있는 유용한 사고 도구입니다. 다양한 관점으로 문제를 바라보고, 창의적인 아이디어를 도출하고 싶다면 여섯 가지 사고모자 기법을 활용해보세요.

▶ **실제 GPT 프롬프트 사례**

질문: 여섯 가지 사고모자 기법을 활용한 신제품 마케팅 전략 알려줘!

답변: 제품 마케팅 전략을 수립할 때 여섯 가지 사고모자 기법을 활용하면 다음과 같은 효과를 얻을 수 있습니다.

- 시장 분석 및 고객 이해를 위한 다양한 시각 확보
- 신제품의 경쟁우위 및 차별화 전략 수립
- 신제품 출시 및 마케팅 전략의 효과적인 실행

다음은 **여섯 가지 사고모자 기법을 활용한 신제품 마케팅 전략의 구체적인 예시**입니다.

❶ **흰색 모자: 시장 분석**

흰색 모자는 객관적인 데이터와 정보를 수집하는 사고방식을 의미합니다. 신제품 마케팅 전략을 수립하기 위해서는 먼저 해당 시장의 규모, 경쟁 상황, 소비자 트렌드 등과 같은 정보를 객관적으로 파악해야 합니다. 이를 통해 신제품의 시장 잠재력과 성공 가능성을 평가할 수 있습니다.

예를 들어, 새로운 스마트폰을 출시하는 기업은 시장 조사를 통해 스마트폰 시장의 규모, 경쟁 상황, 소비자 선호도 등을 조사할 수 있습니다. 이를 통해 스마트폰 시장의 성장 가능성과 소비자의 요구 사항을 파악하고, 이를 바탕으로 신제품의 경쟁우위를 확보할 수 있는 전략을 수립할 수 있습니다.

❷ 빨간색 모자: 감성적 반응

빨간색 모자는 감성적 반응을 중시하는 사고방식을 의미합니다. 신제품은 소비자의 감성에 호소해야 성공할 수 있습니다. 따라서 신제품 마케팅 전략을 수립할 때는 소비자의 감성적 반응을 고려해야 합니다. 예를 들어, 새로운 의류 브랜드를 론칭하는 기업은 소비자의 라이프스타일과 패션 트렌드를 고려하여 신제품을 디자인해야 합니다. 또한, 신제품 출시에 맞춰 감성적인 마케팅 캠페인을 전개하여 소비자의 관심을 유도해야 합니다.

❸ 검은색 모자: 비판적 사고

검은색 모자는 비판적 사고를 중시하는 사고방식을 의미합니다. 신제품은 출시 전 다양한 가능성을 고려하여 비판적 사고를 통해 문제점을 파악해야 합니다. 이를 통해 신제품의 출시 및 마케팅 과정에서 발생할 수 있는 잠재적 위험을 예방할 수 있습니다.

예를 들어, 새로운 자동차를 출시하는 기업은 안전성, 주행 성능, 연비 등과 같은 제품의 품질을 철저히 검증해야 합니다. 또한, 가격 정책, 마케팅 전략 등과 같은 비즈니스 측면에서도 비판적 사고를 통해 문제점을 미리 파악해야 합니다.

❹ 노란색 모자: 긍정적 사고

노란색 모자는 긍정적 사고를 중시하는 사고방식을 의미합니다. 신제품은 소비자에게 긍정적인 가치를 제공해야 합니다. 따라서 신제품 마케팅 전략을 수립할 때는 소비자에게 긍정적인 영향을 미칠 수 있는 가능성을 고려해야 합니다.

예를 들어, 새로운 공유 서비스 플랫폼을 출시하는 기업은 소비자의 편리성, 경제성, 친환경성 등과 같은 긍정적 가치를 제공할 수 있는 전략을 수립해야 합니다.

❺ 녹색 모자: 창의적 사고

녹색 모자는 창의적 사고를 중시하는 사고방식을 의미합니다. 신제품은 기존의 제품과 차별화된 가치를 제공해야 합니다. 따라서 신제품 마케팅 전략을 수립할 때는 창의적인 사고를 통해 새로운 아이디어를 도출해야 합니다.

예를 들어, 새로운 교육 프로그램을 개발하는 기업은 기존의 교육 방식에서 벗어나 새로운 교육 방법을 제시할 수 있는 전략을 수립해야 합니다.

❻ 파란색 모자: 통합 및 실행

파란색 모자는 통합 및 실행을 중시하는 사고방식을 의미합니다. 여섯 가지 사고모자 기법을 통해 도출한 다양한 아이디어를 종합하여 실행 가능한 전략으로 구체화해야 합니다.

예를 들어, 신제품 출시에 맞춰 다양한 마케팅 채널을 활용한 마케팅 캠페인을 기획할 때는 여섯 가지 사고모자 기법을 활용하여 각 채널에 맞는 효과적인 마케팅 전략을 수립해야 합니다.

이처럼 여섯 가지 사고모자 기법을 활용하면 신제품 마케팅 전략을 수립하는 과정에서 다양한 관점에서 문제를 해결하고 아이디어를 도출할 수 있습니다.

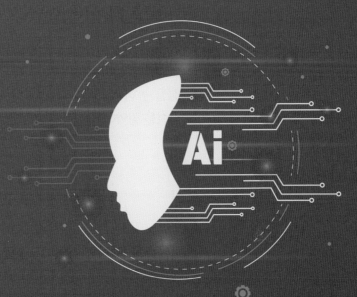

7강 | 챗GPT와 시장 조사하기

시장 조사는 사업의 현재 위치를 파악하고 나아가야 할 방향을 잡는 데 도움이 되는 중요한 활동입니다. 사업을 시작하거나 확장할 때, 새로운 제품이나 서비스를 출시할 때, 기존 제품이나 서비스의 성능을 평가할 때, 시장 상황이나 고객의 선호도가 바뀌었을 때 등 다양한 상황에서 사업의 성공 가능성을 높이기 위한 중요한 정보를 제공합니다. 이러한 시장 조사에 챗GPT를 활용하면, 시간과 노력을 절약하면서도 정확하고 신뢰할 수 있는 시장 조사 정보를 얻을 수 있습니다.

1 기초 데이터 준비하기

챗GPT와 시장조사를 시작하려면, 먼저 분석을 맡길 기초 데이터를 준비해야 합니다. 기초 데이터가 없어도 챗GPT에 시장조사를 시킬 수 있지만, 보다 정확하고 심층적인 분석을 위해서는 가능하면 다양한 기초 데이터를 준비해서 제공하는 것이 좋습니다.

가정용 프리미엄 커피머신을 판매하는 기업이 온라인 제품 광고를 하기 위해 기초 시장조사를 한다고 가정하고 국가통계포털에서 고객 관련 데이터를 찾아보겠습니다. KOSIS는 통계청에서 운영하는 통계 서비스로, 이용자가 원하는 통계자료를 쉽고 빠르게 찾아볼 수 있습니다.

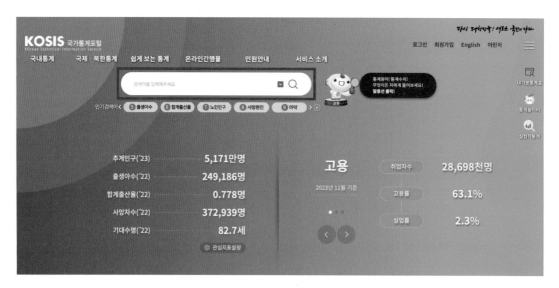

국가통계포털(KOSIS)에서 고객 관련 데이터를 찾으려면, 먼저 [https://kosis.kr]을 입력하여 국가통계포털에 접속합니다. 검색창에 원하는 데이터를 찾기 위한 키워드를 입력합니다. 이번에는 [온라인 , 구매정보]라는 키워드를 넣고 검색해 보겠습니다.

검색 결과 목록에서 원하는 데이터를 찾은 후 클릭합니다. 검색 결과 목록 중에서 [**전자상거래 시 구매정보 습득을 위해 우선적으로 이용하는 채널**] 항목이 우리가 찾는 정보와 제일 유사해 보입니다. 이를 분석해 보기로 하고 클릭합니다.

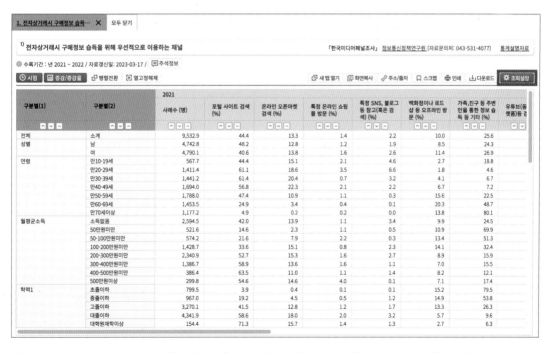

항목을 클릭하여 전체 데이터를 확인한 후, 원하는 항목만 조회하려면, [**조회설정**]을 클릭하여 조회 조건을 설정할 수 있습니다.

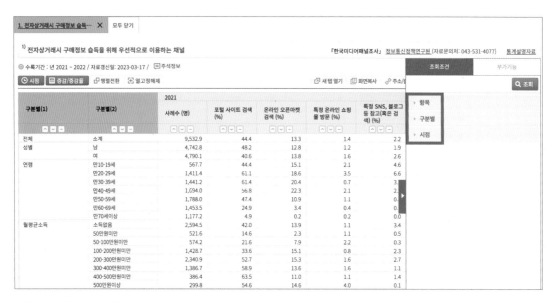

구분별(1)	구분별(2)	2021				
		사례수 (명)	포털 사이트 검색 (%)	온라인 오픈마켓 검색 (%)	특정 온라인 쇼핑몰 방문 (%)	특정 SNS, 블로그 등 참고(혹은 검색) (%)
전체	소계	9,532.9	44.4	13.3	1.4	2.2
성별	남	4,742.8	48.2	12.8	1.2	1.9
	여	4,790.1	40.6	13.8	1.6	2.6
연령	만10-19세	567.7	44.4	15.1	2.1	4.6
	만20-29세	1,411.4	61.1	18.6	3.5	6.6
	만30-39세	1,441.2	61.4	20.4	0.7	3.
	만40-49세	1,094.0	56.8	22.3	2.1	2.
	만50-59세	1,788.0	47.4	10.9	1.1	0.
	만60-69세	1,453.5	24.9	3.4	0.4	0.
	만70세이상	1,177.2	4.9	0.2	0.2	0.0
월평균소득	소득없음	2,594.5	42.0	13.9	1.1	3.4
	50만원미만	521.6	14.6	2.3	1.1	0.5
	50-100만원미만	574.2	21.6	7.9	2.2	0.3
	100-200만원미만	1,428.7	33.6	15.1	0.8	2.3
	200-300만원미만	2,340.9	52.7	15.3	1.6	2.7
	300-400만원미만	1,386.7	58.9	13.6	1.6	1.1
	400-500만원미만	386.4	63.5	11.0	1.1	1.4
	500만원이상	299.8	54.6	14.6	4.0	0.1

[항목], [구분별], [시점]을 클릭하여 조회하고 싶은 조건을 설정할 수 있습니다.

가정용 프리미엄 커피머신의 목표 고객을 20대부터 40대 사이의 고소득층이라고 설정하고 구분별 자료는 성별, 연령, 월평균 소득만 조회하겠습니다. 조건을 설정한 후 [조회] 버튼을 클릭합니다.

데이터가 확인되면 조회설정 옆의 ① [다운로드] 버튼을 클릭하여 데이터를 다운로드합니다.
이때 파일 형식은 챗GPT와 호환성이 좋은 ② [CSV] 파일을 선택합니다.

	A	B	C	D	E	F	G	H	I	J
1	구분별(1)	구분별(2)	2021	2021	2021	2021	2021	2021	2021	2021
2	구분별(1)	구분별(2)	사례수 (명)	포털 사이트	온라인 오픈마	특정 온라인	특정 SNS 블	백화점이나	가족친구 등	유튜브(동영상
3	성별	남	4742.8	48.2	12.8	1.2	1.9	8.5	24.3	3.1
4	성별	여	4790.1	40.6	13.8	1.6	2.6	11.4	26.9	3
5	연령	만10-19세	567.7	44.4	15.1	2.1	4.6	2.7	18.8	12.1
6	연령	만20-29세	1411.4	61.1	18.6	3.5	6.6	1.8	4.6	3.7
7	연령	만30-39세	1441.2	61.4	20.4	0.7	3.2	4.1	6.7	3.4
8	연령	만40-49세	1694	56.8	22.3	2.1	2.2	6.7	7.2	2.7
9	연령	만50-59세	1788	47.4	10.9	1.1	0.3	15.6	22.5	2.2
10	연령	만60-69세	1453.5	24.9	3.4	0.4	0.1	20.3	48.7	2
11	연령	만70세이상	1177.2	4.9	0.2	0.2	0	13.8	80.1	0.7
12	월평균소득	소득없음	2594.5	42	13.9	1.1	3.4	9.9	24.5	5.1
13	월평균소득	50만원미만	521.6	14.6	2.3	1.1	0.5	10.9	69.9	0.6
14	월평균소득	50-100만원미	574.2	21.6	7.9	2.2	0.3	13.4	51.3	3.2
15	월평균소득	100-200만원	1428.7	33.6	15.1	0.8	2.3	14.1	32.4	1.5
16	월평균소득	200-300만원	2340.9	52.7	15.3	1.6	2.7	8.9	15.9	2.9
17	월평균소득	300-400만원	1386.7	58.9	13.6	1.6	1.1	7	15.5	2.3
18	월평균소득	400-500만원	386.4	63.5	11	1.1	1.4	8.2	12.1	2.8
19	월평균소득	500만원이상	299.8	54.6	14.6	4	0.1	7.1	17.4	2.1

이제 엑셀에서 파일을 열고 데이터가 제대로 다운로드 되었는지 확인합니다. 분석에 필요한 데이터
값만 선택하여 복사한 뒤 챗GPT의 채팅창에 붙여 넣습니다. 이제 GPT에 분석을 맡길 데이터
준비가 되었습니다.

2 프롬프트 준비하기

채팅창에 데이터를 붙여 넣은 뒤 [SHIFT + ENTER]를 눌러 줄 바꿈을 하고 분석을 요청할 프롬프트를 작성합니다. 프롬프트는 분석의 목적, 필요한 데이터의 범위, 특정 관심 사항, 그리고 결과 형식에 대한 지침을 명확하게 제시해야 합니다. 이렇게 구체적으로 요청을 하면 더 정확하고 유용한 결과를 얻을 수 있습니다.

챗GPT를 활용하여 데이터를 분석하겠습니다. 분석을 위해 이래와 같이 요청해 보겠습니다.

너는 데이터 분석 전문가야. 내가 제공한 자료는 전자상거래 구매 정보 습득 채널에 대한 데이터야. 이 데이터는 설문조사를 통해 수집되었고, 성별, 연령대, 그리고 월평균 소득별로 소비자들이 어떤 채널을 이용하는지 보여주고 있어. #요청 사항에 맞게 분석해 줘.

#요청 사항
- 2021년 대비 2022년, 그룹별로 가장 많이 사용된 채널이 어떻게 변화했는지 분석할 것.
- 성별, 연령대, 월평균 소득별로 각각의 소비자들이 가장 선호하는 채널은 무엇인지 찾을 것.
- 변화하는 채널 사용 트렌드에 대한 주요 인사이트와 관찰된 패턴 요약.
- 분석 결과를 통해 발견한 주요 사항에 대해 상세하게 설명할 것.

분석을 시작하겠습니다. 결과는 아래와 같습니다.

2021년 대비 2022년의 변화:
- 남성: 포털 사이트 검색의 사용이 소폭 감소했으며, 유튜브와 같은 동영상 플랫폼 검색의 사용이 증가했습니다.

- 여성: 유사하게, 포털 사이트 검색의 사용은 줄고, 유튜브 검색과 SNS/블로그 참고가 증가했습니다.

- 연령대별: 젊은 연령대(10-29세)에서 SNS/블로그 참고와 유튜브 검색의 증가가 두드러졌으며, 더 높은 연령대에서는 포털 사이트 검색이 여전히 우세하지만 그 사용이 감소했습니다.

- 소득별: 높은 소득 구간에서는 유튜브 검색과 SNS/블로그 참고의 증가가 눈에 띕니다.

그룹별 선호 채널:
- 성별: 남성은 포털 사이트 검색을, 여성은 유튜브와 SNS/블로그 참고를 더 선호합니다.

- 연령대: 젊은 연령대는 SNS/블로그와 유튜브를, 중장년층은 포털 사이트 검색을 선호합니다.

- 소득별: 높은 소득 구간에서는 유튜브와 SNS/블로그의 사용이 더 높습니다.

트렌드와 패턴 요약:
- 전반적으로 디지털 미디어 채널의 사용이 증가하는 경향이 있으며, 특히 젊은 연령대에서 이러한 경향이 강합니다.

- 소득이 높을수록 다양한 온라인 채널을 이용하는 경향이 있습니다.

결과 요약:
- 2021년 대비 2022년에는 디지털 미디어 채널의 사용 증가가 주요 트렌드입니다.

이러한 분석은 마케팅 전략 수립이나 타겟 광고 캠페인 계획에 유용한 통찰을 제공할 수 있습니다. 추가적인 분석이나 다른 정보가 필요하시면 알려주세요.

챗GPT가 분석한 내용과 기초 데이터를 비교하여, 분석 내용의 정확성과 요청 사항의 수행 여부를 확인합니다. 데이터를 읽거나 요청 사항을 수행하는 과정에서 때때로 오류가 발생할 수 있습니다. 만약 분석 내용에 오류가 있거나 요청한 내용 중 빠진 부분이 확인되면, 수정을 요청하거나 추가 정보를 요청합니다.

분석한 자료를 바탕으로 온라인 광고 채널과 전략 방향을 어떻게 결정해야 할지에 대한 챗GPT의 의견을 들어보겠습니다.

위 분석 결과를 바탕으로 '월 소득 4백만 원 이상의 30대~40대'를 대상으로한 온라인 광고를 계획하려고 해. 다음의 #요청 사항과 관련하여 구체적인 전략과 창의적인 아이디어를 제안해 줘.

#요청 사항

- 어떤 채널을 선택해서 광고하는 것이 효과적일지.
- 목표 고객 연령대와 소득 수준을 고려할 때, 어떤 메시지나 커뮤니케이션 전략을 사용하는 것이 좋을지.
- 이들 채널을 통해 브랜드 인지도를 높이고 제품 판매를 촉진할 방법들.

분석 결과를 바탕으로 월소득 400만원 이상의 30대~40대 대상 온라인 광고 전략에 대해 다음과 같은 제안을 드립니다:

2021년 대비 2022년의 변화:

• 포털 사이트 검색 광고: SEO와 SEM을 활용하여 브랜드 관련 검색어에 노출되는 광고를 집행합니다. 이는 정보 검색이 높은 이 목표 시장에 효과적입니다.

• SNS/블로그 광고: 특히 Facebook, Instagram, Naver Blog 등에서 목표 고객층의 관심사와 연관된 콘텐츠로 광고를 진행합니다.

• 유튜브 광고: 목표 고객층이 자주 이용하는 동영상 콘텐츠에 제품 광고를 삽입합니다. 인플루언서와의 협업도 고려할 수 있습니다.

메시지 및 커뮤니케이션 전략:

• 이 연령대와 소득 수준의 시장은 품질, 신뢰성, 가성비 등에 중점을 두는 경향이 있습니다. 이를 강조하는 메시지 전략을 사용합니다.

• 라이프스타일, 취미, 가족 중심의 컨텐츠를 활용하여 감성적 연결을 시도합니다. 예를 들어, 가족과 함께하는 시간, 건강한 생활방식 등의 주제가 포함될 수 있습니다.

브랜드 인지도 및 판매 촉진 방법:

• 크로스 채널 마케팅: 다양한 온라인 플랫폼을 통합하여 일관된 브랜드 메시지를 전달합니다. 예를 들어, SNS 캠페인을 통해 유튜브 채널로 유도하거나, 포털 사이트 검색 광고를 통해 온라인 오픈마켓으로 이동시키는 전략을 사용합니다.

- 커스터마이징 및 타겟팅 광고: 개인화된 광고를 제공하여 관심을 끌고 전환율을 높입니다. 고객 데이터 분석을 통해 목표 고객층에 맞는 맞춤형 광고를 제작합니다.

- 인터랙티브 캠페인: 온라인 이벤트, 경품 추첨, 고객 참여형 콘텐츠 등을 통해 사용자 참여를 유도하고 브랜드에 대한 긍정적 인식을 구축합니다.

이와 같은 전략은 목표 시장의 특성과 선호도에 맞춰 설계되어 브랜드 인지도와 제품 판매를 촉진할 수 있습니다. 창의적이고 맞춤화된 접근 방식으로 목표고객층과의 연결을 강화하는 것이 중요합니다.

데이터를 바탕으로 내용을 분석하고 전략과 방법까지 도출했습니다.

챗GPT를 이용해서 시장조사 시에는 두 가지를 기억해야 합니다.

첫째, 챗GPT의 분석 결과를 검증해야 합니다. 데이터값을 잘못 읽거나 누락시키거나, 해석상의 오류가 발생하는 경우가 종종 있기 때문입니다.

둘째, 프롬프트를 구체적으로 기술해야 합니다. 분석의 목적, 데이터의 범위, 상황, 특정 관심 사항, 결과물의 형식 등을 명확하게 제시해야 원하는 결과를 얻을 수 있습니다.

3 국내외 통계 사이트 활용하기

시장조사를 위한 신뢰할 만한 데이터는 국가통계포털 외에도 다양한 사이트에서 수집할 수 있습니다. 대표적인 국내 통계 사이트로는 한국은행 경제통계시스템, 통계청, 한국무역협회, 한국소비자원 등이 있습니다. 해외 통계 사이트로는 각국 통계청, 국제통화기금(IMF), 세계은행 등이 있습니다.

사이트마다 제공하는 데이터의 종류와 범위가 다르므로 시장조사의 목적과 대상에 맞는 사이트를 선택하는 것이 중요합니다. 또한, 통계 사이트에 제공된 데이터는 항상 최신 데이터가 아니므로, 데이터의 수집 시기를 고려해야 합니다.

통계 사이트를 활용한 시장조사는 사업의 성공을 위한 필수적인 과정입니다. 다양한 사이트를 활용하여 신뢰할 만한 데이터를 수집하고 분석함으로써, 시장의 현황과 트렌드를 정확하게 파악하고, 성공적인 사업 전략을 수립할 수 있습니다.

데이터를 분석해 인사이트와 전략까지 제시해 줄 똑똑한 친구가 있으니 이제 시장조사를 위한 데이터를 찾아 적극적으로 활용해 보시기를 바랍니다.

국내 통계 사이트		
공공데이터포털	https://www.data.go.kr
국가통계포털	https://kosis.kr
서울 열린데이터 광장	https://data.seoul.go
KOTRA 해외시장뉴스	https://news.kotra.or.kr
금융통계정보시스템	https://fisis.fss.or.kr
산업통계분석시스템	https://www.istans.or.kr
중소벤처기업부 통계자료	https://www.mss.go.kr
한국무역협회 무역통계	https://stat.kita.net
한국은행 경제통계시스템	https://ecos.bok.or.kr
관광지식정보시스템	https://know.tour.go.kr
보건복지데이터 포털	https://data.kihasa.re.kr
여성가족부 통계자료	https://www.mogef.go.kr
방송·통신통계	https://eng.kcc.go.kr
국토교통부 통계누리	https://stat.molit.go.kr
산림청통계	https://www.forest.go.kr
환경통계포털	https://stat.me.go.kr
고용노동통계	http://laborstat.moel.go.kr
과학기술통계서비스	https://www.ntis.go.kr
한국소비자원	https://www.kca.go.kr
특허청 지적재산권 통계	https://www.kipo.go.kr
국가농식품통계 서비스	https://kass.mafra.go.kr
통일부 통계자료	https://unikorea.go.kr
경찰청 범죄통계	https://police.go.kr
국가에너지통계	https://www.kesis.net

해외 통계 사이트		
미국 통계청	https://www.census.gov
호주 통계청	https://www.abs.gov.au
중국 통계청	ttps://www.stats.gov.cn
일본 통계국	https://www.stat.go.jp
덴마크 통계청	http://www.statbank.dk
프랑스 통계청	https://www.insee.fr/fr
이탈리아 통계청	https://www.istat.it
노르웨이 통계청	https://www.ssb.no
스페인 통계청	https://www.ine.es
아시아태평양경제협력체 통계	https://statistics.apec.org
유럽연합 통계청	https://ec.europa.eu/eurostat
미국 정부 공공 데이터 포털	https://data.gov
미국 상무성 데이터 허브	https://data.commerce.gov
국제노동기구 데이터베이스	https://www.ilo.org
UN 데이터베이스	https://data.un.org
미국 질병통제예방센터 데이터베이스	https://www.cdc.gov/DataStatistics
미국 보건복지데이터 포털	https://www.healthdata.gov
유네스코 통계 연구회	https://www.census.gov
유엔아동기금 통계	https://data.unicef.org
IMF 데이터	https://data.imf.org
세계은행 통계	https://data.worldbank.org

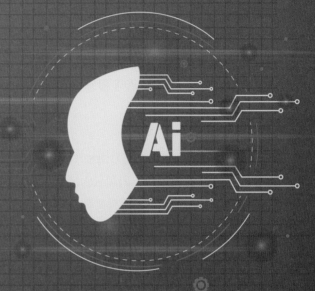

8강 | 분석 프레임워크를 이용한 프롬프트

8강 분석 프레임워크를 이용한 프롬프트

분석 프레임워크는 비즈니스 문제를 체계적으로 분석하고 해결하는 데 사용되는 도구입니다. 비즈니스 환경에서 올바른 의사결정을 하기 위해서는 문제를 정확히 파악하고 해결책을 찾아야 합니다. 프레임워크는 복잡한 상황을 분석하고 구조화하는 데 중요한 역할을 하며 기업의 전략적 의사결정과 문제 해결 등을 위해 활용됩니다.

1 SWOT 분석

SWOT(Strength, Weakness, Opportunity, Threat) 분석은 기업의 내부 환경과 외부 환경을 분석하여 기업의 강점, 약점, 기회요인, 위협 요인을 식별하고 이를 바탕으로 전략을 수립할 수 있도록 하는 분석 방법입니다. 전통적인 분석 방법이나 직관적이고 효율적이기 때문에 여전히 여러 분야에서 널리 활용되고 있습니다.

비즈니스 환경은 끊임없이 변화하고 이러한 변화는 기업의 전략에 직접적인 영향을 미칩니다. 기업은 SWOT 분석을 통해 이러한 변화를 체계적으로 파악하고, 이에 대응하는 전략적 계획을 수립할 수 있습니다.

챗GPT를 활용하면 이러한 SWOT 분석을 더욱 효율적으로 수행할 수 있습니다. 이를 통해 기업은 시장의 변화를 더욱 빠르게 파악하고 이에 대응하는 전략을 수립할 수 있습니다.

이제 **챗GPT를 활용해서 SWOT 분석을 하고 분석 결과를 바탕으로 전략을 수립**해 보겠습니다. 분석 대상은 [**애플워치**]로 하겠습니다.

너는 기업 분석 및 전략 설계 전문가야. 아래의 요청 내용에 맞게 '애플워치'의 SWOT 분석을 하고 전략을 수립해 줘. 요청 내용은 다음과 같아.

- 각 SWOT 요소에 대해 상세하게 분석하고, ST, SW, WT, WO 전략을 각각 제안할 것.
- 각 요소에 대한 개요와 상세한 분석 내용을 함께 제시할 것.
- 우선적으로 해야 할 전략을 포함해 총평을 작성할 것.
- 출력은 표 형식으로, 1열에 항목 이름, 2열에 줄엔 개요, 3열에 분석 내용 입력.
- 표 내용은 HTML 코드 없이 내용 간격에 맞춰 깔끔하게 정리할 것.

애플워치에 대한 SWOT 분석과 기반 전략을 수립하겠습니다. 분석은 각 요소에 대한 개요와 상세한 분석을 포함하며, 총평에서는 실질적으로 우선적으로 해야 할 전략을 포함시키겠습니다. 출력은 표 형식으로 정리하겠습니다.

SWOT 분석

항목	개요	분석 내용
Strengths	애플워치의 강점	애플워치는 뛰어난 브랜드 인지도, 혁신적인 기능, 사용자 친화적인 디자인, iOS 생태계와의 통합 등으로 강점을 가짐.
Weaknesses	애플워치의 약점	높은 가격대, 배터리 수명의 제한, 안드로이드와의 호환성 부족 등이 주요 약점.
Opportunities	애플워치의 기회	웨어러블 시장의 성장, 건강 및 피트니스 추적에 대한 수요 증가, 신흥 시장의 확대 등이 기회 요소.
Threats	애플워치의 위협	경쟁사의 유사 제품, 기술 혁신의 빠른 속도, 경제적 변동 등이 주요 위협.

SWOT 기반 전략

전략 유형	전략 개요	제안된 전략
ST 전략	강점을 활용하여 위협에 대응	브랜드 인지도와 혁신적 기능을 활용하여 경쟁사와의 차별화 강화.
SW 전략	강점을 활용하여 약점 극복	브랜드 가치를 강조하여 높은 가격 정당화, 배터리 기술 개선에 투자.
WT 전략	약점 최소화 및 위협 대응	가격 정책 다변화, 다양한 플랫폼과의 호환성 확장을 통한 시장 접근성 개선.
WO 전략	기회 활용 및 약점 극복	신흥 시장 진출과 건강 기능 강화로 새로운 소비자층 확보.

총평

애플워치는 강력한 브랜드와 혁신적인 기능을 바탕으로 높은 시장 위치를 유지하고 있습니다. 우선적으로 집중해야 할 전략은 가격 정책의 다변화와 배터리 기술 개선입니다. 이를 통해 더 넓은 소비자층에 접근하고 경쟁사와의 차별화를 유지할 수 있을 것입니다.

챗GPT가 분석을 잘해 주었습니다.

이번에는 챗GPT와 함께 많이 활용하고 계신 챗봇 중 하나인 **구글 Bard와 마이크로소프트 Bing을 같이 활용해서 동일한 분석**을 해 보겠습니다.

세 가지 챗봇 모두 훌륭한 인공지능 시스템이지만 각각의 특성과 강점이 조금 다릅니다. 챗GPT는 분석과 전략적 조언을 제공하는데 뛰어나고, Bard와 Bing은 최신 데이터와 구체적인 시장 정보에 접근하는데 좀 더 유리합니다. 챗GPT 단독이 아닌, 다른 챗봇을 함께 사용해서 분석했을 때 결과가 어떻게 달라지는지 살펴보겠습니다.

효과적인 SWOT 분석을 위해 Bard와 Bing에게 애플워치와 관련된 데이터를 수집하여 SWOT 분식을 하도록 요청하고, 챗GPT에는 이를 바탕으로 전략 수립을 하도록 시켜보겠습니다.

 너는 시장조사 및 분석 전문가야. '애플워치' 관련 최근 3년 자료를 조사하고 이를 바탕으로 SWOT 분석해 줘.

 네, 알겠습니다. 시장조사와 분석 전문가로서 애플워치의 최근 3년 동안의 자료를 수집하여 이를 바탕으로 SWOT 분석을 해 드리겠습니다.

강점
- 강력한 브랜드 이미지 및 충성도 높은 고객 기반: 애플워치는 애플이라는 세계적인 브랜드의 이름을 달고 있습니다. 애플은 뛰어난 제품 디자인, 사용자 경험, 마케팅 전략으로 소비자들에게 긍정적인 이미지를 구축하고 있으며, 이러한 이미지는 애플워치의 판매에 긍정적인 영향을 미치고 있습니다. 또한, 애플워치 사용자들은 높은 충성도를 보이고 있습니다.

< 중간 생략 >

위협
- 경쟁 심화: 경쟁업체들이 애플워치와 유사한 제품을 출시하고 있습니다. 이는 애플워치의 시장 점유율을 위협할 것으로 예상됩니다.
- 기술의 발전: 기술의 발전으로 새로운 웨어러블 기기가 등장할 가능성이 있습니다. 이는 애플워치의 경쟁력을 약화시킬 수 있습니다.
- 소비자의 변화: 소비자들의 요구가 변화할 경우, 애플워치의 경쟁력이 약화될 수 있습니다.

결론
애플워치는 강력한 브랜드 이미지와 충성도 높은 고객 기반을 바탕으로 스마트워치 시장에서 선도적인 위치를 차지하고 있습니다. 하지만, 높은 가격과 제한된 배터리 수명은 약점으로 지적됩니다. 애플은 이러한 약점을 극복하고 시장 점유율을 확대하기 위해 가격 경쟁력 강화, 배터리 수명 개선, 새로운 기능 추가 등의 노력을 기울여야 할 것입니다.

이번에는 Bing에게 동일한 요청을 하겠습니다. Bing은 사용자가 더 자세한 정보를 빠르게 찾게 하려고 상세한 내용을 링크 형태로 제공하는 경우가 있습니다. 따라서 이번에는 Bing에게 상세한 내용을 링크로 제공하는 대신 직접 내용을 정리해달라는 요청을 덧붙이겠습니다.

너는 시장조사 및 분석 전문가야. '애플워치' 관련 최근 3년 자료를 조사하고 이를 바탕으로 SWOT 분석을 해줘. 링크는 출력하지 말고 네가 직접 내용을 정리해서 보여줘.

네, 이해했습니다. 애플워치 시장에 대한 최근 3년간의 자료를 조사하고 SWOT 분석을 해보았습니다.

SWOT 분석 결과:

Strengths

• 애플워치는 높은 품질과 성능을 제공합니다.
• 애플워치는 애플 생태계와의 호환성이 뛰어나며, 다른 애플 제품들과의 연동성이 높습니다.

< 중간 생략 >

Threats

• 경쟁 업체들이 점점 더 많은 기능을 추가하고, 더 낮은 가격으로 제품을 출시함으로써, 애플워치의 시장 점유율이 감소할 수 있습니다.
• 애플워치는 기존 시계와 비교하여 배터리 수명이 짧기 때문에, 일부 사용자들은 이를 단점으로 인식할 수 있습니다.
• 애플워치는 스크린 크기가 작아서, 일부 사용자들은 작은 글씨를 읽기 어려울 수 있습니다.

다음은 Bard와 Bing이 분석한 결과를 종합하여 정리하고, 이를 바탕으로 전략을 수립하겠습니다. 이 일은 챗GPT에게 맡기려고 합니다. SWOT 분석 결과를 파일 형태로 제공할 수도 있지만, 이번에는 내용을 복사해서 붙여 넣는 방법으로 진행하겠습니다. 챗GPT의 입·출력 글자 수 제한이 2048자 정도이니, 챗GPT에게 기초 자료를 제공하는 방법은 상황에 따라 판단하시면 됩니다.

먼저, **Bard와 Bing의 분석 결과를 종합하여 정리**하겠습니다.

다음은 SWOT 분석 결과야. #분석1과 #분석2를 종합해서 SWOT 분석 내용을 정리해 줘. 정리한 내용은 표 형식으로 출력해 줘.

#분석1
<Bard 분석 결과 삽입. 내용 생략>

#분석2
<Bing 분석 결과 삽입. 내용 생략>

 분석1과 분석2를 종합하여 '애플워치'의 SWOT 분석을 아래와 같이 표 형식으로 정리하겠습니다.

애플워치 SWOT 분석

	내 용	설 명
강점	강력한 브랜드 이미지 및 충성도	애플워치는 애플의 높은 브랜드 가치와 충성도를 갖추고 있습니다.
	혁신적인 기술과 기능	심박수 모니터링, GPS, NFC 등 혁신적 기능이 탑재되어 있습니다.
	글로벌 시장 진출	전 세계 100여 개국에서 판매되고 있는 글로벌 제품입니다.
	완성된 공급망	생산 및 판매를 위한 효율적인 공급망을 갖추고 있습니다.
	건강 기능	헬스케어 및 건강 관리 기능을 갖추고 있어 시장의 요구를 충족시킵니다.
약점	높은 가격	경쟁 제품 대비 상대적으로 높은 가격대를 형성하고 있습니다.
	배터리 수명	18시간의 배터리 수명은 경쟁 제품 대비 짧은 편입니다.
	앱 생태계의 한계	경쟁 제품에 비해 상대적으로 앱 생태계가 부족합니다.
	제품 경쟁	아이폰과의 내부적 경쟁 가능성이 존재합니다.
	수요 불확실성	고객들의 지속적인 수요에 대한 불확실성이 있습니다.
기회	웨어러블 기기 시장의 성장	지속적으로 성장하는 웨어러블 기기 시장에서의 기회.
	헬스케어 시장의 성장	헬스케어 기능을 통한 시장 확대의 기회.
	신흥 시장의 성장	전 세계적으로 신흥 시장의 성장으로 새로운 기회 창출.
	새로운 제품 카테고리	애플워치로 새로운 제품 카테고리를 형성할 수 있는 가능성.
	수입 증가	전 세계적인 소비자 구매력 증가로 인한 시장 확대.

위협	경쟁 심화	경쟁업체의 유사 제품 출시로 인한 시장 점유율 위협.
	기술의 발전	기술 발전으로 인한 새로운 경쟁 제품의 출현.
	소비자의 변화	시장 및 소비자 요구의 변화로 인한 경쟁력 약화 가능성.

이 SWOT 분석은 애플워치가 현재 시장에서 갖는 주요 강점, 약점 및 외부 환경에서의 기회와 위협을 종합적으로 파악하는 데 도움이 됩니다. 이를 바탕으로 전략적 의사결정을 하는 데 활용할 수 있습니다.

이제 종합된 **SWOT 분석 결과를 바탕으로 챗GPT와 전략을 수립**하겠습니다.

너는 기업 분석과 전략 설계 전문가야. 위의 SWOT 분석 결과를 바탕으로 #요구사항에 맞게 전략을 수립해 줘.

#요구사항
- ST, SW, WT, WO 전략을 수립하고 각 요소에 대한 개요와 상세한 분석 내용을 함께 제시할 것.
- 전략 하단에 '총평' 부문을 포함할 것. 이 총평에는 분석된 전략들을 종합적으로 평가하고, 너의 전문가 의견을 바탕으로 가장 우선적으로 실행해야 할 전략에 대한 제안을 포함할 것.
- 출력은 표 형식으로 제공할 것, 표 1열에 항목 이름, 2열에 개요, 3열에 분석 내용을 입력할 것.
- 표 내용은 HTML 코드 없이 깔끔하고 일관된 형식으로 정리할 것.

애플워치의 SWOT 분석 결과를 바탕으로 ST, SW, WT, WO 전략을 수립하고, 각 전략의 개요 및 상세 분석 내용을 제공하겠습니다. 마지막으로 총평 섹션에서는 분석된 전략들을 종합적으로 평가하고, 가장 우선적으로 실행해야 할 전략에 대한 제안을 포함하겠습니다.

전략 유형	개 요	분석 내용
ST 전략 (강점-위협)	브랜드 강점을 활용한 경쟁 심화 대응	애플워치는 강력한 브랜드 이미지와 혁신적인 기술을 통해 시장 경쟁 심화에 대응합니다. 마케팅 전략을 강화하고 제품 혁신을 통해 경쟁사와 차별화를 추구합니다.
SW 전략 (강점-기회)	글로벌 시장 및 헬스케어 분야 확장	애플워치의 브랜드 인지도와 혁신 기능을 활용하여 글로벌 시장과 헬스케어 분야로의 확장을 모색합니다. 새로운 시장 진입과 헬스케어 기능 강하가 중요합니디.
WT 전략 (약점-위협)	가격 및 제품 개선 전략	높은 가격과 배터리 수명 문제를 해결하기 위한 전략이 필요합니다. 가격 조정과 배터리 기술 개선을 통해 경쟁력을 강화합니다.
WO 전략 (약점-기회)	앱 생태계 확장 및 시장 기회 활용	애플워치는 앱 생태계의 한계를 극복하고 웨어러블 및 헬스케어 시장의 성장 기회를 적극적으로 활용합니다. 앱 개발과 협력을 통한 제품 다양성 증대가 중요합니다.

총평

애플워치의 전략 수립은 브랜드 강점을 극대화하고 약점을 개선하는 데 중점을 두어야 합니다. 시장에서의 경쟁력 강화와 새로운 기회의 적극적인 활용이 필수적입니다. SW 전략 (강점-기회)이 가장 중요합니다. 애플워치의 강력한 브랜드 인지도와 혁신적인 기능을 활용하여 글로벌 및 헬스케어 시장으로의 확장은 장기적인 성장과 시장 점유율 확대에 크게 기여할 것으로 예상됩니다. 이 전략은 애플워치가 현재 시장 환경에서 더욱 성장할 수 있는 기회를 제공합니다.

② 여섯 가지 사고 모자(Six Thinking Hats) 기법

여섯 가지 사고 모자 기법은 한 가지 문제를 여러 관점에서 효과적으로 사고하게 하는 창의적인 방법론입니다. 여섯 가지 색깔의 모자는 각각 사실, 감정, 창의성, 비판, 긍정, 미래를 상징하며, 한 번에 한 가지 관점에 집중하여 문제를 바라보게 합니다. 이러한 접근 방식은 다양한 관점에서 문제를 생각하게 하고, 더욱 효과적인 의사결정을 가능하게 합니다.

이 기법은 다양한 기업에서 활용되고 있는데, 구글은 제품 개발 및 혁신 프로세스에, IBM은 팀 브레인스토밍 세션에, 쉘은 복잡한 문제 해결에 적용하고 있습니다.

이제 챗GPT에게 **여섯 가지 사고 모자 기법을 바탕으로 [애플워치]를 분석하도록 요청**해 보겠습니다.

너는 기업 분석과 전략 설계 전문가야. 아래의 #요청 사항에 맞게 '애플워치'를 분석해 줘:

#요청 사항

위에서 수행한 '애플워치'의 SWOT 분석과 도출 전략 결과를 '여섯 가지 사고 모자 기법'을 적용해서 분석할 것.

향후 애플워치의 전략적 방향 설정에 대한 포괄적인 조언과 권고사항을 마지막에 포함할 것.

각 사고 모자 요소에 대해 상세하게 분석하되 분석은 객관적이고 명확하게 할 것.

각 요소에 대한 개요와 상세한 분석을 함께 제시할 것.

출력은 표 형식으로 하고 1열에 항목 이름, 2열에 개요, 3열에 분석 내용 삽입.

 애플워치: '여섯가지 사고모자 기법' 분석

요소	개요	상세 분석
흰색 모자	객관적 데이터 분석	애플워치는 혁신성, 브랜드 가치, 통합된 제품 생태계 및 재무 안정성이 강점입니다. 고가의 제품 전략과 시장 포화는 약점 입니다. 신흥 시장 진출과 신기술 개발은 기회이며, 경쟁 증가와 기술 변화는 위협 요소입니다. 현재 시장에서 애플워치는 경쟁 우위를 유지하고 있습니다.
빨간색 모자	감정적 요소 분석	애플워치는 사용자에게 혁신과 품질에 대한 감정적 만족을 제공 합니다. 브랜드 충성도는 강하지만, 고가 전략은 일부 소비자에게 부담을 줄 수 있습니다.
검은색 모자	비판적 위험 분석	시장 포화 및 높은 가격은 애플워치 성장의 장애가 될 수 있습니다. 경쟁사의 저가 전략과 신기술 경쟁은 주요 위협 요소입니다.
노란색 모자	낙관적 기회 분석	신흥 시장 진출 및 신기술 통합은 성장 기회를 제공합니다. 특히 건강 관리 기능 확대는 새로운 고객층을 유치할 가능성이 높습니다.
초록색 모자	창의적 대안 제시	기능 다양화 및 목표 시장 확장을 통해 새로운 수요 창출이 가능 합니다. 예를 들어, 어린이용 모델 개발이나 전문가용 기능 추가 등이 있습니다.
파란색 모자	종합적 조언 및 권고	애플워치는 혁신과 품질을 바탕으로 시장을 주도해야 합니다. 가격 전략과 제품 다양성을 통해 더 넓은 고객층에 다가가야 합니다. 신흥 시장과 새로운 기술 분야에 진출하고, 지속 가능한 개발에 중점을 두어야 합니다.

전략적 방향 설정에 대한 권고사항

애플워치는 혁신적인 기능과 강력한 브랜드 이미지를 바탕으로 시장에서의 리더십을 강화해야 합니다. 시장 포화와 고가 정책의 단점을 극복하기 위해 제품 다양성을 확대하고, 가격 전략을 조정해야 합니다. 신흥 시장 및 신기술 분야로의 확장을 통해 새로운 성장 기회를 모색하는 것이 중요하며, 지속 가능하고 사회적으로 책임 있는 비즈니스 모델을 추구해야 합니다. 이를 통해 애플워치는 장기적으로 경쟁력을 유지하고 시장 점유율을 확대할 수 있습니다.

SWOT 분석은 기업의 현재 비즈니스 상황에 대해 체계적이고 구조화된 평가를 제공하는 역할을 합니다. 이는 회사의 강점, 약점, 기회, 위협을 명확하게 식별하고 분석함으로써, 객관적인 현황 파악과 전략적 계획 수립에 큰 이점을 제공합니다. 반면에, 여섯 가지 사고 모자 기법은 다양한 관점에서 문제를 해결하고 창의적인 아이디어를 도출하는 데 초점을 맞춥니다. 이 방법은 각기 다른 사고 스타일을 활용하여 SWOT 분석 결과에 대한 보다 깊이 있는 이해와 전략적 대응 방안을 모색하는 데 유용하게 활용될 수 있습니다.

3 STP & 4P 전략

마케팅 전략은 조직의 목표를 달성하기 위해 목표 시장을 정의하고, 이를 겨냥한 제품이나 서비스를 차별화하고, 효과적으로 전달하기 위한 종합적인 계획입니다. 일반적으로 환경 분석 결과를 바탕으로 시장 세분화(Segmentation), 타겟팅(Targeting), 포지셔닝(Positioning)을 통한 STP 전략과 제품(Product), 가격(Price), 유통(Place), 촉진(Promotion)의 4P 전략을 수립하여 효과적인 마케팅 전략을 개발합니다.

앞에서 수행한 SWOT 분석과 여섯 가지 사고 모자 분석 결과를 바탕으로 애플워치의 STP 전략과 4P 전략을 수립해 줄 것을 챗GPT에게 요청해 보겠습니다.

 너는 마케팅 전략 설계 전문가야. 아래의 #요청 사항에 맞게 '애플워치'의 마케팅 전략을 수립해 줘.

#요청 사항
- 위에서 수행한 '애플워치'의 SWOT 분석과 '여섯 가지 사고 모자 기법' 분석을 기반으로 STP 전략과 4P 전략을 상세하고 구체적으로 수립할 것.
- STP 전략 표와 4P 전략 표 아래에 각각의 총평 삽입.
- 총평은 각각의 전략 표 내용을 정리하고 전략적 제언 포함.
- 출력은 표 형식으로, 1열에 항목 이름, 2열에 개요, 3열에 전략 내용 삽입.

애플워치의 마케팅 전략을 수립하기 위해, 이전의 SWOT 분석 및 '여섯가지 사고모자 기법'을 기반으로 STP 전략과 4P 전략을 다음과 같이 구체적으로 제시합니다.

STP 전략

전략 요소	개요	전략 내용
세분화	대상 시장 세분화	건강과 웰니스에 관심이 많은 소비자, 테크-세이비 젊은 전문가들, 프리미엄 라이프스타일을 추구하는 소비자
타겟팅	목표 고객군	건강 및 피트니스 애호가들에 집중, 고급 기술에 관심 있는 프리미엄 시장 타깃팅, 젊은 세대와 기술 애호가들을 대상으로
포지셔닝	시장 내 위치 설정	최첨단 기술과 고급 디자인으로 고급화 전략 추구, 건강과 웰니스 기능 강조, 사용자 친화적 경험 제공

4P 전략

전략 요소	개요	전략 내용
제품	제품 전략	혁신적인 기능(건강 모니터링, 피트니스 추적) 제공, 다양한 스타일 옵션 및 사용자 맞춤화 기능, 고급소재와 혁신적인 디자인
가격	가격 정책	프리미엄 가격 전략 유지, 다양한 가격대의 제품 라인업으로 고객층 확대
유통	유통 채널 전략	애플 스토어와 온라인 채널을 통한 전세계 유통, 공인 리셀러 및 파트너 채널 활용
촉진	마케팅 및 광고 전략	디지털 마케팅 및 SNS 활용, 인플루언서 및 유명인사 마케팅, 사용자 경험 중심의 광고 캠페인

4P 전략 총평:
애플워치의 4P 전략은 제품의 고유성과 프리미엄 브랜드 이미지에 중점을 두고 있으며, 다양한 제품 포트폴리오와 효과적인 유통 전략을 통해 시장에 접근합니다.

지금까지 챗GPT와 대표적인 분석 프레임워크를 활용하여 분석과 전략적 의사결정을 하는 방법을 살펴보았습니다. 본 내용을 바탕으로 각자 자신이 가진 데이터를 분석하고, 자신만의 프롬프트를 만들어 데이터 분석과 전략 수립 과정을 실습해 보시기 바랍니다.

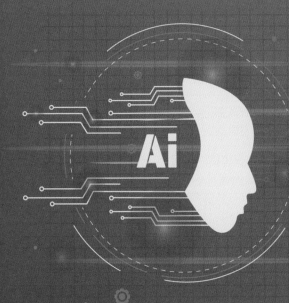

Ai

9강 | 챗GPT와 고객 페르소나 설정하기

챗GPT와 고객 페르소나 설정하기

마케팅에서 말하는 페르소나는 기업의 제품이나 서비스를 구매할 가능성이 가장 큰 목표 고객의 구체적인 모습을 가상 인물로 표현한 것입니다. 즉, 우리 제품이나 서비스를 사용할 가장 이상적인 고객의 모습을 가상 인물로 형상화한 것입니다. 이는 고객의 욕구, 필요, 행동 및 가치를 이해하고, 이를 바탕으로 효과적인 마케팅 전략을 수립하기 위한 중요한 도구입니다. 또한, 광고 캠페인과 마케팅 전략을 수립하고 고객의 문제를 해결하는 데 도움이 됩니다.

고객 페르소나를 만들기 위해서는 다음과 같은 단계를 거칩니다.

- **시장 조사:** 목표 시장을 이해하기 위해 시장 조사를 합니다.
- **고객 인터뷰 및 설문조사:** 실제 고객 또는 잠재 고객과의 인터뷰와 설문조사를 통해 고객의 필요, 문제점, 행동 양식 등을 이해합니다.
- **데이터 분석:** 수집된 데이터를 분석하여 공통적인 특징, 행동, 관심사 등을 식별합니다.
- **페르소나 생성:** 분석된 정보를 바탕으로 가상의 고객 페르소나를 만듭니다.
- **페르소나 검증:** 만들어진 페르소나가 실제 고객의 특성을 잘 반영하는지 검증합니다.
- **전략 수립:** 완성된 고객 페르소나를 사용하여 마케팅 전략, 제품 개발, 커뮤니케이션 전략 등을 설계합니다.

1 설문지 문항 만들기

고객 페르소나를 구체화하기 위해 설문조사를 통해 필요한 정보를 수집하겠습니다. 조사에 필요한 설문문항을 만들기 전에 챗GTP, Bing, Bard와 협의하여 설문조사의 범위와 내용을 결정하겠습니다.

너는 설문조사 전문가야. 나는 웨어러블 전문기업의 마케터인데 곧 출시 예정인 스마트 워치의 고객 페르소나를 개발하려고 해. 페르소나를 만드는데 필요한 기초 정보를 설문조사 방법으로 수집하고 싶어. 제품의 목표 고객층은 '기술에 밝고 혁신을 추구하는 젊은 세대, 건강과 웰빙을 중시하며 고품질과 고급 디자인을 선호하는 전문직 종사자 및 테크 애호가들'이야.

설문조사에서 어떤 내용들이 수집되어야 고객 페르소나를 효과적으로 구체화할 수 있을까?

웨어러블 제품, 특히 스마트워치를 대상으로 하는 마케팅에서 고객 페르소나를 개발하기 위한 설문조사를 진행하는 것은 매우 중요한 단계입니다. 목표 고객층이 '기술에 밝고 혁신을 추구하는 젊은 세대, 건강과 웰빙을 중시하며 고품질과 고급 디자인을 선호하는 전문직 종사자 및 테크 애호가들'이라는 점을 고려할 때, 다음과 같은 내용들을 설문조사에서 다루는 것이 좋겠습니다.

기술 사용 습관과 선호도
• 현재 사용 중인 스마트 기기의 종류와 브랜드
• 웨어러블 기기에 대한 선호 기능 및 사용 빈도
• 기술 제품 선택 시 중요하게 생각하는 요소 (예: 기능, 디자인, 브랜드, 가격)

건강 및 웰빙에 대한 태도
• 일상 생활에서의 건강 관리 방법 및 습관
• 스마트워치를 통해 추적하고 싶은 건강 지표 (예: 심박수, 수면 패턴, 운동량)
• 웰빙 관련 앱 또는 기능에 대한 관심도

디자인 및 품질에 대한 선호
• 웨어러블 디자인에 대한 선호도 (예: 모던, 클래식, 스포티)
• 재질, 색상, 크기 등 외관적 요소에 대한 선호
• 내구성과 품질에 대한 기대치

전문직 종사자 및 테크 애호가의 라이프스타일 및 일상 습관
• 직업적 배경과 일상 활동
• 기술 및 웨어러블 제품에 대한 지식 수준
• 취미, 여가 활동 및 사회적 관계

구매 정보 획득 채널
• 제품 정보를 얻는 주요 채널 (예: 소셜 미디어, 온라인 리뷰, 전문 매체)
• 구매 결정에 영향을 미치는 정보의 종류

커뮤니케이션 채널 선호도
• 브랜드와 소통하는 선호 채널 (예: 이메일, 소셜 미디어, 브랜드 앱)
• 마케팅 메시지 수신 선호도와 빈도

구매 동기 및 결정 요인
- 스마트워치 구매를 고려하는 주요 동기
- 구매 결정에 중요하게 고려하는 요소 (예: 가격, 기능, 브랜드 명성)

인구통계학적 정보
- 연령, 성별, 직업, 교육 수준
- 가구 소득, 거주 지역 등

이러한 다양한 정보들은 목표 고객층의 선호도, 습관, 생활방식 및 구매 동기를 파악하는 데 도움이 되며, 고객 페르소나를 보다 명확하게 정의하는 데 중요한 역할을 합니다. 설문조사는 온라인 설문지, 인터뷰, 포커스 그룹 토의 등 다양한 방식으로 진행할 수 있으며, 이를 통해 얻은 정보는 마케팅 전략, 제품 개발, 광고 캠페인 등에 중요한 기초 자료로 활용될 수 있습니다.

 고객 페르소나는 특정 제품이나 서비스의 잠재 고객을 대표하는 가상의 인물입니다. 따라서 설문조사를 통해 수집해야 할 내용은 다음과 같이 고객의 특성과 필요를 파악할 수 있는 내용이어야 합니다.

- 인구통계학적 정보:연령, 성별, 거주지, 직업, 학력, 소득 수준 등
- 기술 사용 패턴: 스마트폰, 태블릿, PC 등 다양한 IT 기기의 사용 패턴, 스마트워치 사용 경험 및 관심도
- 건강 및 웰빙에 대한 관심: 건강 및 웰빙을 위한 활동, 건강 및 웰빙 관련 제품 및 서비스에 대한 관심도
- 제품에 대한 요구 사항 및 기대치: 스마트워치에 기대하는 기능 및 성능, 구매 시 고려 요소

구체적으로, 귀하의 제품의 목표 고객층을 고려하여 다음과 같은 내용을 설문조사에 포함할 수 있습니다.

- 기술에 대한 관심과 혁신 추구:스마트워치에 대한 관심, 스마트워치에서 기대하는 혁신적인 기능
- 건강과 웰빙에 대한 관심: 건강 및 웰빙을 위해 스마트워치를 사용하는 방법, 건강 및 웰빙 관련 제품 및 서비스에 대한 관심도
- 고품질과 고급 디자인 선호:스마트워치에서 선호하는 디자인, 스마트워치 구매 시 고려 요소

설문조사를 통해 수집한 데이터는 고객 페르소나를 구체화하는 데 중요한 기초 자료가 됩니다. 설문조사를 설계할 때에는 다음과 같은 사항을 고려하는 것이 좋습니다.

- 설문 대상: 목표 고객층을 정확하게 파악하기 위해서는 적절한 설문 대상을 선정하는 것이 중요합니다.
- 설문 내용: 설문 내용은 고객의 특성과 필요를 파악할 수 있는 내용으로 구성되어야 합니다.
- 설문 방법: 설문 방법은 설문 대상의 특성과 설문 내용에 따라 적절한 방법을 선택해야 합니다.

설문조사를 통해 수집한 데이터를 분석하여 고객 페르소나를 구체화하신 후, 이를 바탕으로 제품의 마케팅 전략을 수립하시면 좋을 것 같습니다.

 고객 페르소나를 구체화하기 위해 설문조사를 통해 수집되어야 할 정보는 다음과 같습니다.

- 인구통계학적 정보: 연령, 성별, 직업, 소득 등의 정보를 수집하여 고객의 특성을 파악합니다.
- 구매 행동: 고객이 제품을 구매하기 전후의 행동, 구매 경로, 구매 이유 등을 파악합니다.
- 관심사: 고객이 관심을 가지는 분야, 취미, 관심사 등을 파악합니다.
- 문제점: 고객이 제품을 사용하면서 겪는 문제점, 불만사항 등을 파악합니다.
- 소비 패턴: 고객이 제품을 사용하는 시간, 빈도, 사용 목적 등을 파악합니다.

위의 정보를 수집하면 고객 페르소나를 더욱 구체적으로 만들 수 있습니다. 이를 통해 제품의 목표 고객층을 더욱 명확하게 파악하고, 그룹별로 다른 마케팅 전략을 수립할 수 있습니다.

설문조사에서 설문조사에서 수집해야 할 정보들을 확인했습니다.

Bard와 Bing은 한국어로 된 텍스트를 이해하고 처리하는 능력이 우수하여 보다 자연스러운 질문을 만드는 데 유리하지만, 특정한 목표 고객에 대한 깊이 있는 이해나 맞춤형 질문 생성은 제한적일 수 있습니다. 일반적인 설문조사는 Bard와 Bing을 활용할 수 있지만, 이번에는 요구사항을 이해하고 목표 고객의 세부 특성을 반영한 질문을 제공받고 싶기 때문에 챗GPT와 작업을 이어가겠습니다.

위에서 확인한 정보를 설문조사를 통해 수집하기 위해 챗GPT에게 **설문문항을 만들어달라고 요청**하겠습니다.

 위에서 설문조사에서 수집되어야 한다고 했던 내용들이 모두 잘 수집될 수 있도록 아래 #기본 지침을 바탕으로 설문문항을 작성해 줘.

#기본 지침

- 인구통계학적 질문은 연령, 성별, 직업, 교육 수준, 거주지역을 포함.
- 연령은 10대부터 50대 이상으로 구분.
- 성별은 남성, 여성으로 구분.
- 직업은 직장인, 전문직, 자영업, 학생, 무직, 기타로 구분.
- 거주지역은 도단위 행정구역으로 구분.
- '현재 알고 있는 스마트워치 브랜드' 선택항목은 애플, 삼성, 샤오미, 핏빗, 코아, 레노버 설정.
- '과거 스마트워치 구매 및 사용 경험'이 있다고 응답한 경우 사용했던 제품 보기를 애플, 삼성, 샤오미, 핏빗, 코아, 레노버, 기타로 설정.
- 모든 질문은 객관식 형태로 작성.
- 객관식 응답 항목은 가로로 출력.
- 인구통계학적 문항을 제외한 나머지 설문문항의 '기타' 응답은 직접 입력할 수 있게 출력.
- 전체적인 결과는 설문지 형식에 맞게 깔끔하게 정리해서 출력.

 스마트워치 사용자 설문조사

[인구통계학적 정보]

1. 연령대:

☐ 10대 ☐ 20대 ☐ 30대 ☐ 40대 ☐ 50대 이상

2. 성별:

☐ 남성 ☐ 여성

3. 직업:

☐ 직장인 ☐ 전문직 ☐ 자영업 ☐ 학생 ☐ 기타: _____

4. 최종 교육 수준:

☐ 고등학교 졸업 ☐ 대학교 졸업 ☐ 대학원 졸업 ☐ 기타: _____

5. 거주 지역(도단위):

☐ 서울 ☐ 부산 ☐ 대구 ☐ 인천 ☐ 광주 ☐ 대전 ☐ 울산 ☐ 세종 ☐ 경기도
☐ 강원도 ☐ 충청도 ☐ 전라도 ☐ 경상도 ☐ 제주도

[기술 사용 습관과 선호도]
6. 현재 알고 있는 스마트워치 브랜드 (중복 선택 가능):
[ ] 애플 [ ] 삼성 [ ] 샤오미 [ ] 핏빗 [ ] 코아 [ ] 레노버 [ ] 기타: _____
7. 과거 스마트워치 구매 및 사용 경험:
[ ] 있음 [ ] 없음

• 사용했던 제품 브랜드 (해당하는 경우 선택):
[ ] 애플 [ ] 삼성 [ ] 샤오미 [ ] 핏빗 [ ] 코아 [ ] 레노버 [ ] 기타: _____

[건강 및 웰빙에 대한 태도]
8. 건강 관리에 있어 가장 중요하게 생각하는 요소:
[ ] 식습관 [ ] 운동 [ ] 수면 [ ] 정신 건강 [ ] 기타: _____

[디자인 및 품질에 대한 선호]
9. 선호하는 스마트워치 디자인 스타일:
[ ] 모던 [ ] 클래식 [ ] 스포티 [ ] 기타: _____

[구매 정보 획득 채널 및 커뮤니케이션 채널 선호도]
10. 스마트워치에 대한 정보를 주로 어디서 얻나요?
[ ] 소셜 미디어 [ ] 온라인 리뷰 [ ] 전문 매체 [ ] 친구/가족 [ ] 기타: _____
11. 브랜드와의 소통을 선호하는 채널:
[ ] 이메일 [ ] 소셜 미디어 [ ] 브랜드 앱 [ ] 전화 [ ] 기타: _____

[구매 동기 및 결정 요인]
12. 스마트워치 구매를 고려하는 주요 이유:
[ ] 건강 관리 [ ] 일상 활동의 편리함 [ ] 패션/스타일 [ ] 기술에 대한 관심
[ ] 기타: _____
13. 스마트워치 구매 시 고려하는 가장 중요한 요소:
[ ] 가격 [ ] 기능 [ ] 브랜드 명성 [ ] 디자인 [ ] 기타: _____

참여해주셔서 감사합니다! 귀하의 의견은 우리 제품과 서비스를 개선하는 데 큰 도움이 됩니다.

2 설문조사하기

설문지가 준비되었으니, 이제 설문조사를 진행할 차례입니다. 챗GPT에게 가상의 잠재고객을 대상으로 설문조사를 진행해 달라고 요청하겠습니다.

위 설문지를 이용해서 가상의 잠재고객 10명을 대상으로 설문조사를 진행해 줘. 설문결과는 #출력지침에 맞게 출력해 줘.

#출력지침
- 1열에 고객, 2열에 응답내용을 넣어 표 형식 출력.
- HTML 코드 없이 깔끔하게 정리해서 출력.

다음은 가상의 잠재 고객 10명을 대상으로 한 스마트워치 사용자 설문조사 결과입니다.

고객	응답내용
응답자 1	연령대: 40대, 성별: 남성, 직업: 기타, 최종 교육 수준: 대학교 졸업, 거주 지역: 서울, 알고 있는 스마트워치 브랜드: 코아, 애플, 과거 스마트워치 사용 경험: 없음, 과거 사용 브랜드: 없음, 건강 관리 중요 요소: 정신 건강, 선호하는 디자인 스타일: 기타, 정보 획득 채널: 온라인 리뷰, 소통 선호 채널: 전화, 구매 주요 이유: 일상 활동의 편리함, 구매시 고려 요소: 가격
응답자 2	연령대: 50대 이상, 성별: 남성, 직업: 사무직, 최종 교육 수준: 기타, 거주 지역: 기타, 알고 있는 스마트워치 브랜드: 레노버, 삼성, 애플, 핏빗, 과거 스마트워치 사용 경험: 있음, 과거 사용 브랜드: 코아, 레노버, 삼성, 애플, 건강 관리 중요 요소: 운동, 선호하는 디자인 스타일: 기타, 정보 획득 채널: 기타, 소통 선호 채널: 브랜드 앱, 구매 주요 이유: 기타, 구매시 고려 요소: 디자인
<중간 생략>	
응답자 9	연령대: 50대 이상, 성별: 남성, 직업: 사무직, 최종 교육 수준: 대학교 졸업, 거주 지역: 대구, 알고 있는 스마트워치 브랜드: 코아, 레노버, 삼성, 애플, 핏빗, 과거 스마트워치 사용 경험: 없음, 과거 사용 브랜드: 없음, 건강 관리 중요 요소: 식습관, 선호하는 디자인 스타일: 스포티, 정보 획득 채널: 친구/가족, 소통 선호 채널: 이메일, 구매 주요 이유: 일상 활동의 편리함, 구매시 고려 요소: 디자인
응답자 10	연령대: 40대, 성별: 남성, 직업: 사무직, 최종 교육 수준: 고등학교 졸업, 거주 지역: 강원, 알고 있는 스마트워치 브랜드: 샤오미, 핏빗, 코아, 레노버, 삼성, 과거 스마트워치 사용 경험: 있음, 과거 사용 브랜드: 샤오미, 건강 관리 중요 요소: 정신 건강, 선호하는 디자인 스타일: 클래식, 정보 획득 채널: 전문 매체, 소통 선호 채널: 전화, 구매 주요 이유: 기타, 구매시 고려 요소: 기능

이렇게 10명의 잠재 고객을 대상으로 한 가상의 설문조사 결과가 완성되었습니다.

이렇게 설문조사까지 끝났습니다.

3 설문 결과 분석

이제 가상의 고객들이 응답한 내용을 분석해서 고객의 상세한 특성과 니즈가 무엇이 있는지 살펴보겠습니다.

 위의 설문결과를 항목별로 명확하고 상세하게 분석한 후, 각 항목에서 나타나는 주요 발견 사항을 요약하고 분석내용에 대한 총평과 의견을 제시해 줘.

 설문조사 결과의 항목별 상세 분석과 주요 발견 사항은 다음과 같습니다.

1. 연령대 및 성별
- 분석: 응답자들은 다양한 연령대에 걸쳐 있으며, 성별 또한 고르게 분포하고 있음.
- 발견 사항: 스마트워치는 모든 연령대와 성별에 걸쳐 관심을 끌고 있으며, 특정 세그먼트에 한정되지 않는다는 점이 드러남.

2. 직업 및 교육 수준
- 분석: 다양한 직업군과 교육 수준을 가진 응답자들이 포함되어 있음.
- 발견 사항: 스마트워치의 목표 시장은 교육 수준이나 직업에 크게 영향받지 않는 것으로 보임.

3. 거주 지역
- 분석: 전국 각지의 다양한 지역에서 응답자들이 참여함.
- 발견 사항: 스마트워치는 지역적인 제한 없이 널리 퍼져있는 관심사임을 시사함.

4. 알고 있는 스마트워치 브랜드 및 과거 사용 경험
- 분석: 여러 브랜드에 대한 인지도가 있으며, 일부는 과거 사용 경험이 있음.
- 발견 사항: 애플, 삼성 등 유명 브랜드에 대한 인지도가 높지만, 다양한 브랜드에 대한 관심도 존재함.

5. 건강 관리 중요 요소 및 디자인 선호
- 분석: 건강 관리와 관련된 요소(예: 운동, 수면)가 중요하게 여겨짐. 디자인 선호도는 다양함.
- 발견 사항: 건강 관리 기능은 스마트워치에 있어 중요한 요소임을 강조함. 사용자는 디자인에 있어 개인적인 선호를 가짐.

6. 정보 획득 채널 및 소통 선호 채널

- 분석: 온라인 리뷰, 소셜 미디어, 전문 매체 등 다양한 채널을 통해 정보를 얻음.
- 발견 사항: 디지털 미디어의 영향력이 크며, 마케팅 전략은 이러한 채널을 활용해야 함을 나타냄.

7. 구매 주요 이유 및 고려 요소

- 분석: 건강 관리, 일상 활동의 편리함, 패션/스타일 등 다양한 이유로 구매를 고려함. 가격, 기능, 디자인 등이 중요한 구매 결정 요소임.
- 발견 사항: 스마트워치 구매는 단순한 기술 제품 구매를 넘어서 다양한 생활 요소와 연결됨을 시사함.

총평 및 의견

이 설문조사 결과는 스마트워치 시장이 매우 다양한 고객층을 가지고 있으며, 이들의 필요와 선호가 매우 다양하다는 것을 보여줍니다. 마케팅 전략은 이러한 다양성을 반영하여 개인화된 접근을 취해야 합니다. 건강 관리 기능의 중요성을 강조하면서도, 디자인과 사용 편의성도 중요한 요소로 인식되고 있습니다. 또한, 정보 획득 채널과 소통 선호 채널의 다양성은 디지털 마케팅 전략에 중점을 둘 필요가 있음을 나타냅니다. 전반적으로, 스마트워치 마케터와 제조사는 이러한 통찰력을 활용하여 맞춤형 제품 개발 및 타겟팅 전략을 수립하는 데 주력해야 할 것입니다.

4 고객 페르소나 설정하기

설문조사 결과 분석까지 완료했습니다. 이제 분석 결과를 바탕으로 고객 페르소나를 정의하는 작업만 남았습니다. 챗GPT에게 고객 페르소나를 정의해 달라고 요청하겠습니다.

 위의 분석 결과를 바탕으로 스마트워치의 대표적인 고객 페르소나를 상세하고 구체적으로 정의하고 페르소나 이미지도 함께 출력해 줘.

 설문조사 결과를 바탕으로 스마트워치의 대표적인 고객 페르소나는 다음과 같이 정의될 수 있습니다.

고객 페르소나: "다이내믹 데이브"

기본 정보
- 연령대: 30대
- 성별: 남성
- 직업: IT 분야나 기술 관련 직업군에 종사하는 전문가
- 교육 수준: 대학교 졸업 이상
- 거주 지역: 대도시의 도심 지역
- 라이프스타일: 활동적이고 동적인 생활을 선호하며, 새로운 기술에 대한 관심이 높음
- 건강 및 웰빙: 건강 관리와 피트니스에 관심이 많으며, 운동과 활동 추적에 스마트워치를 활용함
- 사회적 활동: 소셜 미디어와 온라인 커뮤니티를 통해 정보를 얻고, 의견을 공유하는 것을 선호함

스마트워치에 대한 관점
- 구매 동기: 건강 및 활동 추적, 일상 생활의 편리성 향상, 최신 기술을 통한 생산성 증가
- 구매 결정 요소: 다양한 기능, 사용자 인터페이스의 용이성, 브랜드의 기술 혁신력
- 디자인 선호도: 현대적이고 스타일리시한 디자인을 선호함

정보 획득 및 소통 방식
- 정보 획득 채널: 온라인 리뷰, 전문 기술 블로그, 소셜 미디어
- 소통 선호 채널: 이메일, 소셜 미디어, 온라인 커뮤니티

이 페르소나는 스마트워치 시장에서 중요한 고객 세그먼트를 대표합니다. '다이내믹 데이브'는 기술에 밝고, 건강 및 웰빙에 관심이 많으며, 일상에서 편의성과 효율성을 추구하는 현대적인 소비자입니다. 이러한 고객의 요구와 선호를 충족시키는 스마트워치 제품과 마케팅 전략을 개발하는 것이 중요할 것입니다.

이렇게 챗GPT를 사용하여 가상의 고객 페르소나를 만들어 보았지만, 실무에서는 더 현실적인 고객 프로필을 개발해야 합니다. 이를 위해서는 실제 고객 데이터, 시장 조사 결과, 고객 인터뷰, 설문조사 등 다양한 출처의 구체적인 정보를 사용하여 단순한 데이터를 넘어서 고객의 실제 경험, 감정, 기대를 이해하고 반영해야 합니다. 이렇게 함으로써 기업은 고객의 필요와 동기를 더 잘 이해하고 이를 바탕으로 더욱 효과적인 제품 개발과 마케팅 전략을 수립할 수 있습니다.

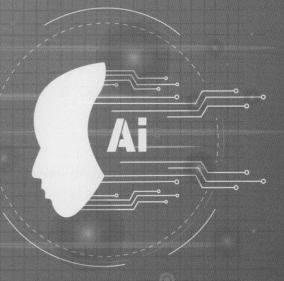

10강 | 챗GPT를 활용한 실전 비즈니스

챗GPT와 비즈니스 글쓰기

챗GPT를 활용한 글쓰기는 사용자가 어떻게 프롬프트를 입력하는것에 따라 챗GPT가 산출하는 결과가 크게 달라질 수 있습니다. 따라서 효과적으로 챗GPT로부터 답변받기 위해서는 몇 가지 원칙이 존재합니다. 효과적인 챗GPT 프롬프트 원칙을 활용하면 좀 더 효과적인 글쓰기를 진행하실 수 있습니다.

❶ 역할 부여

챗GPT에게 특정 역할을 부여하여 시스템의 응답 방식과 답변을 결정합니다

예) 조직문화 혁신방안에 대한 답변 ➡ " 조직문화 혁신방안 글 작성해줘!"

❷ 업무부여

챗GPT에게 구체적인 업무를 부여하여 작성자가 원하는 방향으로 답변받을 수 있습니다

예) 구체적 설정 ➡ "너는 인사담당자야. 친화적인 조직문화 구축 혁신방안 보고서 작성해줘!"

❸ 구체적 자료제공

필요한 지식에 대한 구체적인 자료를 제공하여 원하는 정보에 대한 답변을 받을 수 있습니다.

예) 조직문화 혁신방안에 대한 실무 관련 추가 정보 제공시 오류값 최소화 답변을 얻을 수 있음

보고서 작성을 위한 프롬프트

보고서 작성 프롬프트는 보고서의 목적, 대상, 내용 등에 따라 다양하게 작성될 수 있습니다.
일반적으로 다음과 같은 내용을 포함하여 작성하는 것이 좋습니다.

▶ 보고서의 목적

보고서의 목적은 보고서를 작성하는 이유입니다. 보고서를 작성하기 전에 보고서를 통해 어떤 결과를 얻고자 하는지 명확히 해야 합니다. 보고서의 목적이 명확하면 보고서의 내용을 효과적으로 구성할 수 있습니다.

보고서의 목적을 구체적으로 작성하기 위해서는 다음과 같은 질문을 할 수 있습니다.

> • 보고서를 작성하는 이유는 무엇입니까?
> • 보고서를 통해 어떤 결과를 얻고자 합니까?
> • 보고서를 통해 어떤 영향을 미치고자 합니까?

예를 들어, 다음과 같은 질문에 대한 답을 바탕으로 보고서의 목적을 작성할 수 있습니다.

- 2023년 하반기 매출 현황을 분석하여 향후 매출 전망을 제시한다.
- 새로운 마케팅 전략의 효과를 검증하여 향후 마케팅 전략을 수립한다.
- 고객 만족도 조사 결과를 분석하여 고객 만족도를 개선한다.

▶ 보고서의 대상

보고서의 대상은 보고서를 받는 사람입니다. 보고서의 대상을 고려하지 않으면 보고서의 내용이 이해하기 어려울 수 있습니다. 보고서의 대상의 수준과 이해도를 고려하여 보고서의 내용을 구성해야 합니다.

보고서의 대상을 구체적으로 작성하기 위해서는 다음과 같은 질문을 할 수 있습니다.

- 보고서를 받는 사람은 누구입니까?
- 보고서를 받는 사람의 수준은 어떻습니까?
- 보고서를 받는 사람의 이해도는 어떻습니까?

예를 들어, 다음과 같은 질문에 대한 답을 바탕으로 보고서의 대상을 작성할 수 있습니다.

- 회사 경영진
- 마케팅 부서
- 고객 서비스 부서

▶ 보고서의 내용

보고서의 내용은 보고서의 목적과 대상을 고려하여 구성해야 합니다. 보고서의 내용은 다음과 같은 요소를 포함할 수 있습니다.

- 서론: 보고서의 목적과 대상을 소개한다.
- 본론: 보고서의 내용을 구체적으로 설명한다.
- 결론: 보고서의 요약과 결론을 제시한다.

보고서의 내용을 구체적으로 작성하기 위해서는 다음과 같은 질문을 할 수 있습니다.

- 보고서의 내용은 무엇입니까?
- 보고서의 내용은 목적과 대상을 달성하는 데 필요한 것입니까?
- 보고서의 내용은 논리적으로 구성되어 있습니까?

▶ 보고서 작성 실제 프롬프트 예시

보고서 원칙과 같이 ① [마케팅 전문가 - 역할 부여]와 [마케팅보고서 - 업무 부여]후에 마지막으로 [신제품 런칭 주제 2가지 - 구체적 질문] 질문한 결과 ② 보다 구체적인 답변 [마케팅 주제 2가지 - 세부답변]을 받을 수가 있습니다.

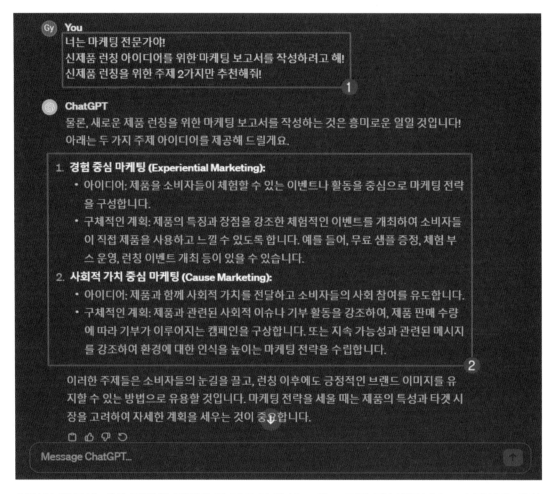

이러한 질문에 대한 답변을 바탕으로 보고서 작성 프롬프트를 작성하면 보고서 작성을 위한 기본적인 틀을 마련할 수 있습니다. 프롬프트를 바탕으로 보고서를 작성하면 보고서의 품질을 향상시키고, 보고서 작성 시간을 단축할 수 있습니다.

▶ 보고서 작성 프롬프트를 작성시 고려사항

- **보고서의 목적을 명확히 한다.**
  : 보고서의 목적을 명확히 하지 않으면 보고서의 내용이 산만해질 수 있습니다.

- **보고서의 대상을 고려한다.**
  : 보고서의 대상의 수준과 이해도에 맞게 보고서를 작성해야 합니다.

- **보고서의 내용을 논리적으로 구성한다.**

  : 보고서의 내용은 목적과 대상을 고려하여 논리적으로 구성해야 합니다.

이러한 사항을 고려하여 보고서 작성 프롬프트를 작성하면 보고서 작성의 효율성을 높일 수 있습니다.

회사 내부 보고서 쓰기

회사 내부 보고서는 회사의 내부 업무에 대한 정보를 전달하기 위한 문서입니다. 회사의 목표, 진행 상황, 문제점, 해결책 등을 포함하여 다양한 정보를 제공할 수 있습니다.

▶ 회사 내부 보고서 작성시 고려사항

① **대상** : 보고서의 대상 대상은 누구인가요? 보고서의 내용이 결재자에게 이해하기 쉽도록 작성해야 합니다.

② **목적** : 보고서의 목적은 무엇인가요? 보고서를 통해 어떤 정보를 전달하고자 하는지 명확히 해야 합니다.

③ **내용** : 보고서에는 어떤 내용을 포함해야 하는가요? 보고서의 목적을 달성하기 위해 필요한 정보를 포함해야 합니다.

④ **형식** : 보고서는 어떤 형식으로 작성해야 하는가요? 회사의 내부 규정에 따라 보고서의 형식을 정해야 합니다.

▶ 회사 내부 보고서 작성시 참고사항

- 명확하고 간결한 문장을 사용합니다.
- 전문 용어를 사용하지 않도록 합니다.
- 데이터와 그래프를 사용하여 정보를 효과적으로 전달합니다.
- 교정 및 오탈자를 확인합니다.

▶ 회사 내부 보고서 작성 실제 프롬프트 예시

보고서의 제목은 간결하고 명확하게 작성해야 합니다. 보고서의 내용을 한눈에 파악할 수 있도록 해야 합니다. [구글 바드 GPT]를 통하여, 보고서의 제목이 [2023년 4분기 매출 실적 분석 보고서]라면, 보고서의 내용이 2023년 4분기의 매출 실적을 분석한 내용임을 한눈에 알 수 있습니다.

회사 내부 보고서의 예시를 다음과 같이 제시합니다.

> **제목: 2023년 4분기 매출 실적 분석 보고서**
>
> **서론:**
> 2023년 4분기 매출 실적은 전년 동기 대비 10% 증가한 100억 원을 기록했습니다. 이는 신규 고객의 유입과 기존 고객의 매출 증가에 기인합니다.
>
> **본론:**
> 신규 고객의 유입은 온라인 마케팅의 효과로 이루어졌습니다. 회사는 올해부터 온라인 마케팅에 집중적으로 투자하였으며, 그 결과 4분기에는 신규 고객이 전년 동기 대비 20% 증가했습니다.
>
> 기존 고객의 매출 증가는 신제품 출시와 고객 서비스 개선의 결과입니다. 회사는 올해 새로운 제품을 출시하여 고객의 선택 폭을 넓혔으며, 고객 서비스의 품질을 개선하여 고객 만족도를 높였습니다.
>
> **결론:**
> 2023년 4분기 매출 실적은 회사의 성장을 위한 긍정적인 신호입니다. 회사는 앞으로도 신규 고객의 유입과 기존 고객의 충성도를 높이기 위해 노력할 것입니다.

이 보고서는 회사의 4분기 매출 실적을 분석한 내용입니다. 보고서의 제목은 간결하고 명확하며, 서론에서는 보고서의 목적과 내용을 간략하게 소개합니다. 본론에서는 매출 증가의 원인을 분석하고, 결론에서는 향후 계획을 제시합니다.

회사 내부 보고서를 작성할 때는 위의 내용을 참고하여 효과적인 보고서를 작성하시기 바랍니다.

👍 👎 ＜ G ⋮

정부 지원 사업 제안서 초안 잡기

정부 지원 사업 제안서 초안 잡기 작성법은 다음과 같습니다.

① 지원 사업 공고문 꼼꼼히 읽기

지원 사업 공고문을 꼼꼼히 읽고, 사업의 목표, 지원내용, 지원 대상, 선정기준, 제출서류 등을 숙지해야 합니다. 공고문에 명시된 내용을 충실히 반영하여 제안서를 작성해야 합니다.

② 사업 계획서 작성

사업 계획서에는 사업의 개요, 사업 목표, 사업 내용, 사업 일정, 사업 예산, 사업 효과 등을 구체적으로 작성합니다. 사업 계획서를 통해 사업의 필요성과 타당성을 검증하고, 사업의 성공 가능성을 높일 수 있습니다.

③ 제안서 작성

제안서에는 사업 계획서를 바탕으로 사업의 구체적인 내용을 기술합니다. 제안서 작성 시에는 다음과 같은 사항을 고려해야 합니다.

- 사업 목표를 달성하기 위한 구체적인 방법과 계획을 제시해야 합니다.
- 사업의 효과와 파급력을 구체적으로 설명해야 합니다.
- 사업의 예산을 합리적으로 산정해야 합니다.

④ 실현 가능성 검토

제안서를 작성한 후에는 실현 가능성을 검토해야 합니다. 사업 계획이 현실적으로 실행 가능한지, 사업 예산이 충분한지 등을 검토합니다. 실현 가능성이 낮은 사업은 선정될 가능성이 작습니다.

⑤ 전문가 자문 받기

제안서 작성에 어려움을 겪는 경우, 전문가의 자문을 받는 것이 좋습니다. 전문가의 조언을 통해 제안서를 더욱 완성도 있게 작성할 수 있습니다.

◉ 정부 지원 사업 제안서 초안 잡기 작성 시 팁

- 사업 목표를 달성하기 위한 구체적인 방법과 계획을 제시해야 합니다.
- 제안서 내용은 구체적이고 실증적인 근거를 바탕으로 작성합니다.
- 제안서 내용은 논리적이고 일관되게 작성합니다.
- 제안서 내용은 객관적이고 공정하게 작성합니다.

◉ 실제 GPT 활용한 정부 지원 사업 제안서 작성 예시

GPT 프롬프트 질문 시 [**GPT 기반 챗봇을 개발하여 기업의 고객 서비스 품질을 향상시키고, 고객 경험을 개선하는 데 기여할 것**]에 대한 전체적인 내용으로 제안서는 정부 지원 사업 공고문의 내용을 충실히 반영하여 작성하여야 합니다. 사업 계획서를 바탕으로 사업의 구체적인 내용을 기술해야 하며, 사업 목표를 달성하기 위한 구체적인 방법과 계획도 제시하여야 합니다.

또한, 사업의 효과와 파급력을 구체적으로 설명하고, 사업 예산을 합리적으로 산정하여야 합니다. 실현 가능성을 검토하였으며, 전문가 자문을 받아야 합니다

✦ 알겠습니다. 다음은 정부 지원 사업 제안서 초안입니다.

> 제안서 명: GPT 기반 챗봇 개발 사업
>
> 제안자: (회사명)
>
> 제안일: 2023년 12월 27일
>
> 1. 사업 개요
>
> 본 사업은 GPT 기반 챗봇을 개발하여 기업의 고객 서비스 품질을 향상시키고, 고객 경험을 개선하는 것을 목표로 합니다.
>
> 2. 사업 목표
>
> - GPT 기반 챗봇을 개발하여 기업의 고객 서비스 품질을 향상시킨다.
> - GPT 기반 챗봇을 통해 고객 경험을 개선한다.
>
> 3. 사업 내용
>
> - GPT 기반 챗봇의 개발 및 구축
> - 챗봇의 교육 및 테스트
> - 챗봇의 운영 및 유지보수
>
> 4. 사업 일정
>
> - 2024년 1월: 챗봇 개발 및 구축
> - 2024년 2월: 챗봇 교육 및 테스트
> - 2024년 3월: 챗봇 운영 및 유지보수
>
> 5. 사업 예산

🖼 | 여기에 프롬프트 입력   🎤   ▷

▶ 챗GPT를 사용하여 비즈니스 글을 작성할 시 장점

① 빠른 작성 속도

챗GPT는 방대한 양의 데이터로 학습되어 있어 빠르게 고품질의 글을 작성할 수 있습니다. 이는 비즈니스에서 시간과 비용을 절약하는 데 도움이 될 수 있습니다.

② 창의성 향상

챗GPT는 기존의 문서를 바탕으로 새로운 아이디어를 제시하거나 기존의 아이디어를 새롭게 해석하여 새로운 글을 작성할 수 있습니다. 이는 비즈니스에서 새로운 기회를 발견하거나 기존의 문제를 해결하는 데 도움이 될 수 있습니다.

③ 목표 고객층 공략

챗GPT는 다양한 스타일과 형식의 글을 작성할 수 있어 목표 고객층의 관심을 끌 수 있는 글을 작성할 수 있습니다. 이는 비즈니스에서 잠재 고객을 유치하고 고객 만족도를 높이는 데 도움이 될 수 있습니다.

▶ 챗GPT를 사용하여 비즈니스 글을 작성할 시 단점

① 챗GPT는 완벽하지 않습니다.

챗GPT는 종종 오류를 만들거나 부정확한 정보를 생성할 수 있습니다. 따라서 챗GPT의 출력을 항상 주의 깊게 검토하고 수정해야 합니다.

② 챗GPT는 창의적인 글쓰기에 적합하지 않습니다.

챗GPT는 주어진 프롬프트에 따라 텍스트를 생성하는 데 능숙하지만, 새로운 아이디어를 생각해 내거나 독창적인 텍스트를 작성하는 데에는 그다지 좋지 않습니다.

▶ 챗GPT를 비즈니스 글쓰기에 효과적으로 활용시 전략

① 챗GPT를 초안 작성 도구로 사용하십시오.

챗GPT는 아이디어를 빠르게 구체화하고 글의 구성을 잡는 데 도움이 될 수 있습니다. 그러나 챗GPT의 출력을 항상 주의 깊게 검토하고 수정해야 합니다.

② 챗GPT를 자신의 글쓰기 능력을 향상시키는 도구로 사용하십시오.

챗GPT를 사용하여 다른 사람의 글을 분석하고 새로운 글쓰기 기술을 배울 수 있습니다.

챗GPT는 비즈니스 글쓰기를 보다 효율적이고 효과적으로 만드는 데 도움이 될 수 있는 유용한 도구입니다. 그러나 챗GPT의 한계를 이해하고 올바르게 사용하면 더 나은 결과를 얻을 수 있습니다.

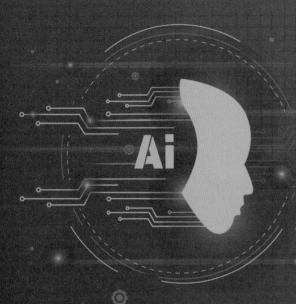

Ai

11강 | 소셜 미디어 콘텐츠를 위한 프롬프트

11강 소셜 미디어 콘텐츠를 위한 프롬프트

카피라이팅을 위한 프롬프트

1 개요와 특징

카피라이팅 프롬프트는 카피라이팅 작업을 수행하기 위한 지침을 제공하는 문장 또는 문단입니다. 프롬프트는 카피라이터가 작업의 목표와 대상 고객을 명확히 이해하고, 이를 바탕으로 효과적인 카피를 작성할 수 있도록 도와줍니다.

카피라이팅 프롬프트의 일반적인 특징은 다음과 같습니다.

▶ 목표를 명확하게 제시합니다.

프롬프트는 카피라이팅 작업의 목표를 명확하게 제시해야 합니다. 목표는 카피의 방향성을 결정하는 중요한 요소입니다. 예를 들어, 제품 판매를 목적으로 하는 카피라면 제품의 장점과 혜택을 강조하는 카피를 작성해야 합니다.

▶ 대상 고객을 명확하게 제시합니다.

프롬프트는 카피의 대상 고객을 명확하게 제시해야 합니다. 대상 고객은 카피의 내용과 형식을 결정하는 중요한 요소입니다. 예를 들어, 젊은 여성을 대상으로 하는 카피라면 유행에 민감하고 감성적인 어조의 카피를 작성해야 합니다.

▶ 필요한 정보를 제공합니다.

프롬프트는 카피라이터가 작업을 수행하는 데 필요한 정보를 제공해야 합니다. 여기에는 제품이나 서비스의 특징, 경쟁 제품과의 비교, 마케팅 전략 등이 포함될 수 있습니다.

2 장점 및 단점

카피라이팅을 위한 프롬프트는 카피라이터가 카피를 작성할 때 도움이 되는 지침이나 질문입니다. 프롬프트는 카피라이터가 카피의 목표와 타겟 고객을 명확히 하고, 카피의 메시지를 효과적으로 전달할 수 있도록 도와줍니다.

❶ 카피라이팅을 위한 프롬프트의 장점

• **카피라이터의 집중력을 높여줍니다.**

프롬프트는 카피라이터가 카피 작성에 집중할 수 있도록 도와줍니다. 프롬프트가 제공하는 지침과 질문을 통해 카피라이터는 카피의 목표와 타겟 고객을 명확히 하고, 카피의 메시지를 효과적으로 전달할 수 있는 방향을 설정할 수 있습니다.

• **카피의 품질을 향상하게 시켜줍니다.**

프롬프트는 카피라이터가 카피의 목표와 타겟 고객을 고려하여 카피를 작성하도록 도와줍니다. 이를 통해 카피는 더 효과적이고 설득력 있는 메시지를 전달할 수 있게 됩니다.

❷ 카피라이팅을 위한 프롬프트의 단점

• **프롬프트가 너무 구체적이면 카피라이터의 창의성을 제한할 수 있습니다.**

프롬프트가 너무 구체적이면 카피라이터는 프롬프트에서 제공하는 지침을 따라야만 하기 때문에 자신의 창의성을 발휘할 수 있는 여지가 줄어들 수 있습니다.

• **프롬프트가 너무 추상적이면 카피라이터가 프롬프트를 이해하는 데 어려움을 겪을 수 있습니다.**

프롬프트가 너무 추상적이면 카피라이터는 프롬프트의 의미를 제대로 이해하지 못하여 카피를 작성하는 데 어려움을 겪을 수 있습니다.

3 구체적인 예시

카피라이팅 프롬프트는 다음과 같은 구체적인 예시를 통해 이해할 수 있습니다.

❶ 목표를 명확하게 제시하는 프롬프트

• **목표 :** 신제품 스마트폰의 판매량을 10% 증가시키기

❷ 대상 고객을 명확하게 제시하는 프롬프트

• **대상 고객:** 20~30대 직장인 남성

❸ 필요한 정보를 제공하는 프롬프트

• **필요한 정보**
  - **제품의 주요 장점:** 카메라 성능, 배터리 용량, 디자인
  - **경쟁 제품과의 비교:** 타사 스마트폰의 카메라 성능, 배터리 용량, 디자인
  - **마케팅 전략:** TV 광고, SNS 마케팅

4 작성 시 고려사항

카피라이팅 프롬프트를 작성할 때는 다음과 같은 사항을 고려하는 것이 좋습니다.

❶ 목표를 명확하게 정의합니다.

카피라이팅의 목표는 무엇입니까? 제품 판매, 브랜드 인지도 제고, 고객 충성도 향상 등 다양한 목표가 있을 수 있습니다. 목표를 명확하게 정의하면 프롬프트를 작성하는 데 도움이 됩니다.

❷ 대상 고객을 파악합니다.

카피는 누구를 대상으로 작성할 것입니까? 고객의 나이, 성별, 관심사, 라이프스타일 등을 고려하여 대상 고객을 파악해야 합니다. 대상 고객을 파악하면 카피의 내용과 형식을 결정하는 데 도움이 됩니다.

❸ 필요한 정보를 제공합니다.

카피를 작성하는 데 필요한 정보는 무엇입니까? 제품이나 서비스의 특징, 경쟁 제품과의 비교, 마케팅 전략 등을 고려하여 필요한 정보를 제공해야 합니다.

❹ 질문 형식으로 작성

카피라이팅 프롬프트를 질문 형식으로 작성하면 카피라이터가 작업을 수행하는 데 필요한 정보를 명확하게 파악할 수 있습니다. 예를 들어, "제품의 주요 장점은 무엇입니까?", "대상 고객의 관심사는 무엇입니까?"와 같은 질문을 할 수 있습니다.

❺ 명확하고 간결하게 작성

프롬프트는 명확하고 간결하게 작성해야 합니다. 프롬프트가 너무 길거나 복잡하면 카피라이터가 작업을 수행하기 어려울 수 있습니다.

❻ 상황에 따라 적절한 방법을 선택

카피라이팅 프롬프트를 작성할 때는 상황에 따라 적절한 방법을 선택하여 활용하는 것이 좋습니다. 예를 들어, 카피라이팅 작업의 규모가 크거나 복잡한 경우에는 프롬프트를 문서 형식으로 작성하는 것이 좋습니다. 반면, 카피라이팅 작업의 규모가 작거나 간단한 경우에는 프롬프트를 간단한 문장 형식으로 작성하는 것이 좋습니다.

소셜 미디어 콘텐츠를 위한 프롬프트

1 개요와 특징

소셜 미디어 콘텐츠를 위한 프롬프트는 사용자들이 콘텐츠를 생성하거나 공유하도록 유도하는 문구입니다. 프롬프트는 콘텐츠의 형식, 주제, 방향 등을 제시하여 사용자들이 더 효과적으로 콘텐츠를 제작할 수 있도록 도와줍니다.

소셜 미디어 콘텐츠 프롬프트의 특징은 다음과 같습니다.

▶ **단순하고 명확해야 합니다.**

프롬프트는 사용자들이 쉽게 이해하고 따라 할 수 있도록 해야 합니다. 복잡하고 어려운 프롬프트는 사용자들이 참여하기를 꺼리게 할 수 있습니다.

예를 들어, "당신의 인생철학을 500자 이내로 작성하세요."라는 프롬프트는 너무 길고 복잡하여 사용자들이 참여하기 어려울 수 있습니다. 대신, "당신의 인생철학을 한 문장으로 표현해 보세요."와 같이 간결하고 명확한 프롬프트를 사용하면 사용자들이 더욱 쉽게 참여할 수 있습니다.

▶ **참여를 유도해야 합니다.**

프롬프트는 사용자들이 자신의 생각이나 경험을 공유하고 싶게 해야 합니다. 사용자들이 자신의 의견이나 경험을 공유할 수 있는 기회를 제공해야 합니다.

예를 들어, "오늘 하루 가장 행복했던 순간은 언제인가요?"라는 프롬프트는 사용자들이 자신의 행복한 경험을 공유하도록 유도합니다. 대신, "오늘 날씨는 어땠나요?"와 같이 일상적인 질문을 던지는 프롬프트는 사용자들의 참여를 유도하기 어려울 수 있습니다.

▶ **흥미롭고 매력적이어야 합니다.**

프롬프트는 사용자들의 관심을 끌고 호응을 얻을 수 있도록 해야 합니다. 흥미롭고 매력적인 프롬프트는 사용자들이 참여하고 싶게 만들 수 있습니다.

예를 들어, "좋아하는 음식을 추천해주세요!"라는 프롬프트는 사용자들의 식욕을 자극하고 호응을 얻을 수 있습니다. 대신, 오늘 날씨를 공유하세요!"와 같이 일상적인 질문을 던지는 프롬프트는 사용자들의 관심을 끌기 어려울 수 있습니다.

2 장점 및 단점

장점

❶ 참여를 유도합니다.

프롬프트는 사용자들이 자신의 생각이나 경험을 공유할 수 있는 기회를 제공하여 참여를 유도합니다. 프롬프트가 효과적이면 사용자들이 더 적극적으로 콘텐츠를 생성하거나 공유하게 됩니다.

❷ 콘텐츠의 다양성을 높입니다.

프롬프트는 사용자들이 다양한 주제와 형식의 콘텐츠를 제작하도록 유도합니다. 프롬프트가 효과적이면 사용자들이 더 창의적이고 독창적인 콘텐츠를 제작할 수 있습니다.

❸ 소셜 미디어의 영향력을 강화합니다.

프롬프트를 통해 사용자들이 생성한 콘텐츠는 소셜 미디어의 영향력을 강화하는 데 도움이 됩니다. 사용자들이 생성한 콘텐츠는 소셜 미디어의 유입률과 참여도를 높이고, 브랜드 인지도를 높이는 데 이바지할 수 있습니다.

단점

❶ 적절하지 않은 프롬프트는 참여를 저해할 수 있습니다.

프롬프트가 목표 대상의 관심사와 성향에 맞지 않거나, 너무 복잡하거나 어려운 경우 참여를 저해할 수 있습니다. 또한, 흥미롭지 않거나 매력적이지 않은 프롬프트도 참여를 저해할 수 있습니다.

❷ 프롬프트의 무분별한 사용은 피해야 합니다.

프롬프트를 무분별하게 사용하면 사용자들이 피로감을 느낄 수 있습니다. 프롬프트를 사용할 때는 적절한 주제와 타이밍을 고려하여 사용해야 합니다.

3 소셜 미디어 콘텐츠 프롬프트의 종류

❶ 질문형 프롬프트

사용자들에게 질문을 던져 그에 대한 답변을 유도하는 프롬프트입니다.

예를 들어, "오늘 하루 가장 행복했던 순간은 언제인가요?", "당신의 인생 목표는 무엇인가요?"와 같은 질문이 있습니다.

❷ 명령형 프롬프트

사용자들에게 직접적인 행동을 요구하는 프롬프트입니다.

예를 들어, "오늘의 사진을 공유하세요!", "당신의 생각을 댓글로 남겨주세요!"와 같은 명령이 있습니다.

❸ 참여형 프롬프트

사용자들이 서로 소통하고 협력하도록 유도하는 프롬프트입니다.

예를 들어, "좋아하는 음식을 추천해주세요!", "우리의 추억을 함께 공유해요!"와 같은 참여를 요구하는 프롬프트가 있습니다.

4 작성시 고려사항

❶ **목표 대상을 고려해야 합니다.**

프롬프트는 목표 대상의 관심사와 성향에 맞게 설계애야 합니다.

❷ **콘텐츠의 형식과 주제를 고려해야 합니다.**

프롬프트는 콘텐츠의 형식과 주제를 명확하게 제시해야 합니다.

❸ **유행과 트렌드를 고려해야 합니다.**

유행과 트렌드에 맞는 프롬프트를 사용하면 사용자들의 관심을 끌 수 있습니다.

소셜 미디어 콘텐츠 프롬프트를 잘 활용하면 사용자들의 참여를 유도하고 효과적인 콘텐츠를 제작하는 데 도움이 될 수 있습니다.

챗GPT, 소셜 미디어 카피를 부탁해

1 개요와 특징

소셜 미디어 카피는 소셜 미디어 플랫폼에서 사용되는 카피라이팅의 한 형태입니다. 제품이나 서비스를 홍보하거나, 브랜드의 이미지를 구축하거나, 특정 행동을 유도하기 위해 사용됩니다. 소셜 미디어 카피는 다음과 같은 특징을 가지고 있습니다.

▶ **짧고 간결해야 한다.**

사람들은 소셜 미디어에서 긴 글을 읽는 것을 선호하지 않습니다. 따라서 30자 내외로 짧고 간결하게 작성하는 것이 좋습니다.

▶ **시선을 사로잡아야 한다.**

소셜 미디어에는 수많은 콘텐츠가 넘쳐납니다. 따라서 사람들의 시선을 사로잡는 카피를 작성해야 합니다. 이를 위해 호기심을 유발하는 문구를 사용하거나, 강렬한 이미지를 활용하는 등의 방법을 사용할 수 있습니다.

▶ **공감을 불러일으켜야 한다.**

사람들은 자기 경험이나 감정에 공감하는 콘텐츠에 관심을 둡니다. 따라서 목표 고객의 공감을 불러일으킬 수 있는 카피를 작성해야 합니다.

2 장점 및 단점

장점

❶ 브랜드 및 인지도를 높이는 데 도움이 됩니다.

소셜 미디어 카피는 귀하의 브랜드와 제품 또는 서비스에 대한 인식을 높이는 데 도움이 될 수 있습니다. 이를 통해 더 많은 잠재 고객을 확보하고 비즈니스를 성장시킬 수 있습니다.

❷ 판매 및 전환을 유도할 수 있습니다.

소셜 미디어 카피는 제품이나 서비스의 판매 및 전환을 유도할 수 있습니다. 이를 통해 매출을 늘리고 비즈니스 수익을 높일 수 있습니다.

❸ 고객 관계를 구축하는 데 도움이 됩니다.

소셜 미디어 카피는 고객과의 관계를 구축하고 강화하는 데 도움이 될 수 있습니다. 이를 통해 충성도 높은 고객 기반을 구축하고 비즈니스 가치를 높일 수 있습니다.

단점

❶ 잘못된 방향으로 해석될 수 있습니다.

소셜 미디어 카피는 잘못된 방향으로 해석될 수 있습니다. 이를 방지하기 위해서는 명확하고 간결한 언어를 사용하고, 대상 청중을 고려하여 카피를 작성해야 합니다.

❷ 비용이 많이 들 수 있습니다.

소셜 미디어 카피를 작성하고 게시하는 데는 비용이 많이 들 수 있습니다. 이를 절감하기 위해서는 자체 카피를 작성하거나 저렴한 외부 대행사에 의뢰하는 방법을 고려할 수 있습니다.

❸ 효과를 측정하기 어려울 수 있습니다.

소셜 미디어 카피의 효과를 측정하기 어려울 수 있습니다. 이를 측정하기 위해서는 적절한 지표를 설정하고, 이를 지속해서 추적해야 합니다.

3 소셜 미디어 카피의 작성 방법

소셜 미디어 카피를 작성할 때는 다음과 같은 방법을 참고할 수 있습니다.

❶ 목표 고객을 파악하라.

누구를 대상으로 카피를 작성할 것인지를 파악해야 합니다. 목표 고객의 성별, 나이, 관심사 등을 고려하여 카피를 작성해야 합니다.

❶ 목적을 명확히 하라.

카피를 통해 무엇을 달성하고 싶은지 명확히 해야 합니다. 제품이나 서비스를 홍보하고 싶은지, 브랜드의 이미지를 구축하고 싶은지, 특정 행동을 유도하고 싶은지 등을 결정해야 합니다.

❷ 카피의 방향을 설정하라.

카피의 방향을 설정해야 합니다. 제품이나 서비스의 장점을 강조하는 방향으로 작성할 것인지, 고객에게 혜택을 제공하는 방향으로 작성할 것인지 등을 결정해야 합니다.

❸ 카피를 작성하라.

위의 단계를 고려하여 카피를 작성합니다. 짧고 간결하면서도 시선을 사로잡고 공감을 불러 일으킬 수 있는 카피를 작성해야 합니다.

❹ 카피를 테스트하라.

작성한 카피를 테스트하여 효과를 확인합니다. 목표 고객에게 테스트를 진행하여 피드백을 얻을 수 있습니다.

■4 소셜 미디어 카피 작성 시 고려해야 할 사항

❶ 대상 청중을 고려하세요.

소셜 미디어 카피는 대상 청중을 고려하여 작성해야 합니다. 이를 통해 카피가 청중의 관심을 끌고, 원하는 행동을 유도할 수 있습니다.

❷ 명확하고 간결한 언어를 사용하십시오.

소셜 미디어 카피는 명확하고 간결한 언어를 사용해야 합니다. 이를 통해 청중이 쉽게 이해 하고, 원하는 행동을 취할 수 있습니다.

❸ 호소력을 가지십시오.

소셜 미디어 카피는 청중의 감정에 호소력을 가져야 합니다. 이를 통해 청중이 카피에 공감 하고, 원하는 행동을 취할 수 있습니다.

❹ 지속적으로 게시하십시오.

소셜 미디어 카피는 지속적으로 게시해야 합니다. 이를 통해 청중의 관심을 유지하고, 브랜드 인지도를 높이는 데 도움이 됩니다.

⑤ 소셜 미디어 카피의 실제 예시

소셜 미디어 카피를 위해서는 [**GPT 뤼튼** / www.wrtn.ai]을 사용하면 좋습니다.
뤼튼 메인페이지에 가서 오른쪽 상단에 있는 ① [**툴**]을 클릭합니다 ② 툴 검색에서 직접 텍스트 입력
하거나 좀 더 아래에 있는 [**마케팅 카테고리**]에 있는 광고문구를 클릭합니다.

SNS 광고문구를 예시로 소비자가 열광할 메타 (페이스북,인스타그램) 광고의 제목을 생성해 보겠
습니다 ① [**제품 / 브랜드 이름**]에 "코드진스" 라고 작성하고 ② [**제품 간단 정보**]에는"코딩을
몰라도 웹사이트를 만들 수 있도록 도와주는 서비스"를 입력하고 하단에 있는 ③ [**자동 생성**]
버튼을 클릭하면 ④ [**소셜 미디어 카피**]의 결과물 확인할 수 있습니다.

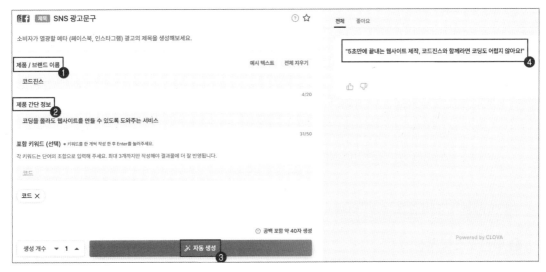

소셜 미디어 카피는 소셜 미디어 마케팅의 중요한 요소입니다. 효과적인 소셜 미디어 카피를 작성
하여 브랜드의 인지도를 높이고, 매출을 증대시킬 수 있습니다.

챗GPT, 블로그 포스팅을 부탁해

1 개요와 특징

챗GPT는 오픈AI에서 개발한 대규모 언어 모델입니다. 텍스트와 코드의 방대한 데이터 세트로 훈련되어 다양한 종류의 창의적인 콘텐츠를 생성하고, 언어를 번역하고, 의문점에 대한 정보를 제공할 수 있습니다.

챗GPT 블로그 포스팅의 진행

▶ **주제 선정**

먼저 블로그 포스팅의 주제를 선정합니다. 주제는 블로그의 성격과 대상 독자를 고려하여 선정해야 합니다.

▶ **프롬프트 작성**

주제가 선정되면 챗GPT에 전달할 프롬프트를 작성합니다. 프롬프트에는 블로그 포스팅의 제목, 내용, 길이, 키워드 등을 포함합니다.

▶ **챗GPT로 텍스트 생성**

프롬프트를 챗GPT에 전달하면 챗GPT는 해당 주제에 대한 텍스트를 생성합니다. 생성된 텍스트는 블로그 포스팅의 초안으로 활용합니다.

▶ **텍스트 수정 및 검토**

초안으로 생성된 텍스트는 블로그 포스팅에 적합한지를 확인하고 수정 및 검토합니다. 수정 및 검토에는 다음과 같은 작업이 포함될 수 있습니다.

- 텍스트의 내용을 보완하거나 수정
- 텍스트의 문법 및 맞춤법을 확인
- 텍스트의 SEO를 고려하여 키워드를 추가

챗GPT 블로그 포스팅의 특징

❶ **빠른 포스팅 작성**

챗GPT를 활용하면 블로그 포스팅을 빠르게 작성할 수 있습니다. 이는 챗GPT가 텍스트를 생성하는 데 필요한 시간이 사람이 직접 작성하는 데 필요한 시간보다 훨씬 적기 때문입니다.

❷ 창의적인 포스팅 작성

챗GPT는 다양한 주제에 대한 창의적이고 유익한 텍스트를 생성할 수 있습니다. 이는 챗GPT가 방대한 데이터 세트로 훈련되었기 때문입니다.

❸ 효율적인 블로그 운영

챗GPT 블로그 포스팅을 활용하면 블로그 운영의 효율성을 높일 수 있습니다. 이는 포스팅 작성에 걸리는 시간을 줄여 다른 업무에 집중할 수 있기 때문입니다.

2 장점 및 단점

장점

❶ 시간과 노력을 절약할 수 있습니다.

챗GPT를 사용하면 블로그 포스팅의 초안을 빠르게 작성할 수 있습니다. 따라서 블로그 운영자가 콘텐츠 제작에 더 많은 시간을 할애할 수 있습니다.

❷ 다양한 주제에 대한 포스팅을 작성할 수 있습니다.

챗GPT는 다양한 주제에 대한 정보를 학습하고 있어서, 다양한 주제에 대한 블로그 포스팅을 작성할 수 있습니다.

❸ 창의적인 포스팅을 작성할 수 있습니다.

챗GPT는 기존의 텍스트를 변형하여 새로운 텍스트를 생성할 수 있기 때문에, 창의적인 포스팅을 작성할 수 있습니다.

단점

❶ 오류가 발생할 수 있습니다.

챗GPT는 아직 개발 중이기 때문에, 오류가 발생할 수 있습니다. 따라서 포스팅을 게시하기 전에 챗GPT가 생성한 텍스트를 수정하고 검토하는 것이 중요합니다.

❷ 챗GPT의 결과를 그대로 사용하면 블로그의 개성이 없어질 수 있습니다.

챗GPT는 사람의 생각을 그대로 반영하지는 않습니다. 따라서 챗GPT의 결과를 그대로 사용하면 블로그의 개성이 없어질 수 있습니다.

3 챗GPT 블로그 포스팅의 활용 방안

❶ 블로그 콘텐츠 생산성 향상

챗GPT 블로그 포스팅을 활용하면 블로그 콘텐츠 생산성을 크게 향상시킬 수 있습니다. 이는 포스팅 작성에 소요되는 시간을 줄여 다른 업무에 집중할 수 있기 때문입니다.

❷ 새로운 블로그 주제 발굴

챗GPT를 활용하여 다양한 주제에 대한 텍스트를 생성해 보면 새로운 블로그 주제를 발굴할 수 있습니다. 이는 챗GPT가 방대한 데이터 세트로 훈련되었기 때문입니다.

❸ 블로그 SEO 개선

챗GPT를 활용하여 텍스트에 적절한 키워드를 추가하면 블로그의 SEO를 개선할 수 있습니다. 이는 챗GPT가 키워드를 포함한 텍스트를 생성할 수 있기 때문입니다.

4 챗GPT 블로그 포스팅의 실제 예시

챗GPT 블로그 포스팅을 위해서는 [GPT 뤼튼 / www.wrtn.ai]을 사용하면 좋습니다. 뤼튼 메인 페이지에 가서 오른쪽 상단에 있는 [툴]을 클릭합니다 ① 툴 검색에서 [블로그 포스팅]을 클릭 후 ② [포스팅 주제]을 작성하고 ③ [카테고리]를 선택합니다. ④ [자동생성] 버튼을 누르면 ⑤ [블로그 서론]에 대하여 작성 글을 확인할 수 있습니다 본론을 작성하기 위해서는 오른쪽 하단 끝에 있는 ⑥ [다음 단계로] 버튼을 클릭하면 [본론]으로 작성이 가능합니다.

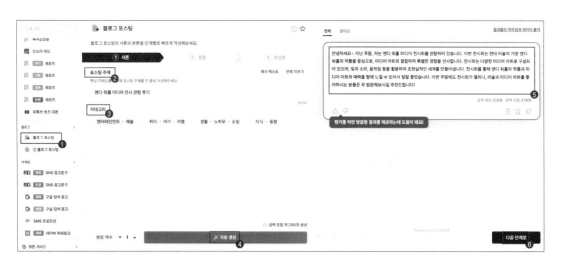

① 서론 작성한 부분에서 "다음 단계"로 버튼 클릭 시 ① [**본론**] 단계로 넘어가는데, 쉽고 간단하게
② [**자동생성**] 버튼을 클릭하면 ③ [**본론 작성 글**]을 확인할 수 있습니다.
완성본을 위해서 오른쪽 하단의 ④ [**다음 단계로**] 버튼을 클릭합니다.

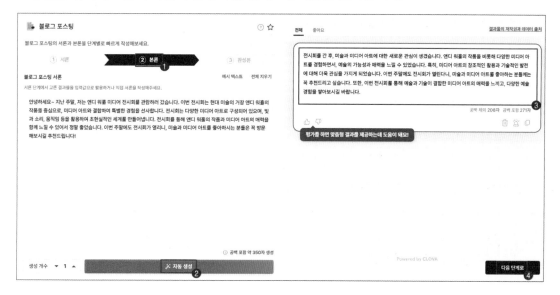

① "다음 단계로" 버튼 클릭하면 ① [**완성본**] 최종단계로 나오고 완성된 블로그 글을 확인할 수
있습니다. 완성된 글을 실제 내 블로그에 작성하기 위해서는 ② [**전체복사**]을 클릭 후 복사한 뒤
텍스트를 블로그에 활용하면 됩니다.

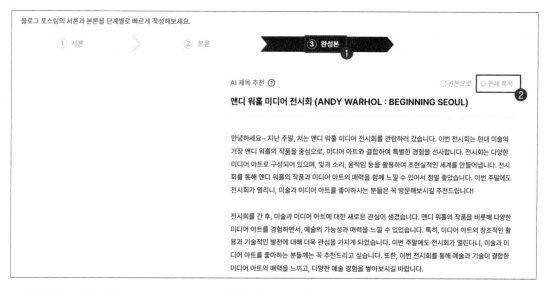

이처럼 챗GPT를 활용하여 블로그 포스팅을 작성하면 빠르고 효율적으로 다양한 주제에 대한 창의
적인 포스팅을 작성할 수 있습니다.

랜딩 페이지 제작을 위한 프롬프트

1 개요

랜딩 페이지 제작을 위한 프롬프트는 방문자의 관심을 끌고 원하는 행동을 유도하기 위한 문구입니다. 프롬프트는 랜딩 페이지의 첫인상을 결정짓는 중요한 요소로, 방문자의 행동을 유도하고 전환율을 높이는 데 효과적입니다.

랜딩 페이지 프롬프트의 개요는 다음과 같습니다.

▶ 목적

랜딩 페이지 프롬프트의 목적은 방문자에게 원하는 행동을 유도하는 것입니다. 방문자가 페이지에서 무엇을 해야 하는지 명확하게 전달해야 합니다. 예를 들어, 제품을 판매하는 랜딩 페이지의 경우 "지금 바로 구매하세요!"와 같이 구매 행동을 유도하는 프롬프트를 사용해야 합니다.

▶ 대상

프롬프트는 방문자의 특성에 맞게 작성해야 합니다. 방문자의 관심사, 니즈, 행동 의도를 고려하여 프롬프트를 작성해야 합니다. 예를 들어, 젊은 여성을 대상으로 하는 랜딩 페이지의 경우 "지금 바로 신청하세요!"와 같이 간결하고 직접적인 프롬프트를 사용하면 효과적일 수 있습니다.

▶ 톤앤매너

프롬프트의 톤앤매너는 페이지의 전체적인 분위기와 일관되게 유지해야 합니다. 방문자가 페이지의 분위기에 어울리는 프롬프트를 읽으면 더 긍정적인 반응을 보입니다. 예를 들어, 고급스러운 분위기의 랜딩 페이지의 경우 "고품격 서비스를 지금 바로 경험하세요!"와 같이 고급스러운 느낌의 프롬프트를 사용하면 효과적일 수 있습니다.

2 특징

▶ 간결하고 명확해야 합니다.

랜딩 페이지 프롬프트는 방문자가 한눈에 보고 이해할 수 있도록 간결하고 명확하게 작성해야 합니다. 복잡한 문장이나 어려운 단어를 사용하면 방문자가 이해하기 어려워 전환율이 떨어질 수 있습니다.

▶ 설득력이 있어야 합니다.

방문자가 원하는 행동을 할 수 있도록 설득력이 있어야 합니다. 방문자가 원하는 것을 얻을 수 있다는 점을 강조하거나, 방문자가 행동하지 않으면 발생할 수 있는 손해를 언급하는 등의 방법으로 설득력을 높일 수 있습니다.

▶ 행동 유도적이어야 합니다.

방문자가 원하는 행동을 할 수 있도록 행동 유도적인 단어를 사용해야 합니다. "지금 바로", "무료", "특별 할인" 등의 단어를 사용하면 방문자가 행동을 취할 가능성이 높아집니다.

2 장점 및 단점

랜딩 페이지는 제품이나 서비스를 소개하고 방문자를 전환으로 유도하는 웹페이지입니다. 프롬프트는 방문자에게 특정 행동을 유도하기 위한 문구입니다. 랜딩 페이지 제작을 위한 프롬프트의 장점과 단점은 다음과 같습니다.

장점

❶ 방문자의 관심을 집중시킬 수 있습니다.

프롬프트는 방문자의 눈길을 끌고 관심을 집중시키는 데 효과적입니다. 특히, 강력한 제안이나 할인 혜택을 제공하는 프롬프트는 방문자의 행동을 유도하는 데 큰 도움이 됩니다.

❷ 방문자의 행동을 유도할 수 있습니다.

프롬프트는 방문자가 특정 행동을 취하도록 유도하는 데 효과적입니다. 예를 들어, "지금 구매하기" 또는 "무료 체험하기"와 같은 프롬프트는 방문자가 구매 또는 가입을 유도하는 데 효과적입니다.

❸ 전환율을 높일 수 있습니다.

효과적인 프롬프트는 전환율을 높이는 데 도움이 됩니다. 특히, 방문자의 관심사와 니즈를 정확하게 파악하여 맞춤화된 프롬프트를 사용하면 전환율을 더욱 높일 수 있습니다.

단점

❶ 방문자의 거부감을 유발할 수 있습니다.

너무 강압적이거나 공격적인 프롬프트는 방문자의 거부감을 유발할 수 있습니다. 따라서, 방문자의 입장을 고려하여 적절한 프롬프트를 사용하는 것이 중요합니다.

❷ 잘못된 정보나 오해를 유발할 수 있습니다.

프롬프트는 정확하고 신뢰할 수 있는 정보를 제공해야 합니다. 잘못된 정보나 오해를 유발하는 프롬프트는 방문자의 신뢰를 잃을 수 있습니다.

3 랜딩 페이지 작성시 고려사항

❶ 랜딩 페이지의 목표는 무엇입니까?

랜딩 페이지의 목표는 방문자에게 무엇을 하도록 유도하고 싶은지 명확하게 정해야 합니다. 예를 들어, 제품이나 서비스를 판매하고 싶은 경우, 방문자에게 제품이나 서비스의 구매를 유도하는 것이 목표가 될 수 있습니다. 또는, 이메일 구독을 유도하거나, 이벤트 참여를 유도하는 것도 가능합니다.

❸ 랜딩 페이지의 타겟 고객은 누구입니까?

랜딩 페이지의 타겟 고객을 명확하게 이해해야 합니다. 타겟 고객의 나이, 성별, 관심사, 구매력 등을 고려하여 랜딩 페이지의 내용과 디자인을 맞춤화해야 합니다.

❸ 랜딩 페이지의 핵심 메시지는 무엇입니까?

랜딩 페이지에서 전달하고 싶은 핵심 메시지를 명확하게 정해야 합니다. 핵심 메시지는 방문자의 관심을 끌고, 방문자가 원하는 행동을 취하도록 유도하는 역할을 합니다.

❹ 랜딩 페이지의 구성은 어떻게 할 것입니까?

랜딩 페이지의 구성은 랜딩 페이지의 목표와 타겟 고객에 따라 달라집니다. 일반적으로 랜딩 페이지는 헤더, 본문, 풋터로 구성됩니다. 헤더에는 로고, 슬로건, 핵심 메시지 등을 배치하고, 본문에는 제품이나 서비스의 소개, USP(Unique Selling Proposition), CTA(Call to Action) 등을 배치합니다. 풋터에는 연락처 정보, 회사 소개 등을 배치합니다.

❺ 랜딩 페이지의 디자인은 어떻게 할 것입니까?

랜딩 페이지의 디자인은 랜딩 페이지의 목표와 타겟 고객에게 맞게 설계해야 합니다. 깔끔하고 단순한 디자인이 좋으며, 핵심 메시지를 강조하는 디자인이 효과적입니다.

4 랜딩 페이지 프롬프트의 실제 예시

랜딩 페이지 프롬프트를 위해서는 [GPT 뤼튼 / www.wrtn.ai]을 사용하면 좋습니다. 뤼튼 메인페이지에 가서 오른쪽 상단에 있는 [툴]을 클릭합니다 ① 툴 검색에서 [쇼핑몰 상세페이지]을 클릭 후 ② [상품 한 줄 소개]을 작성하고 ③ [특장점]를 작성합니다. ④ [자동생성] 버튼을 누르면 ⑤ [상품명], [추천멘트], [판매대상], [상품장점], [FAQ], [배송안내]에 대하여 작성 글을 확인할 수 있습니다

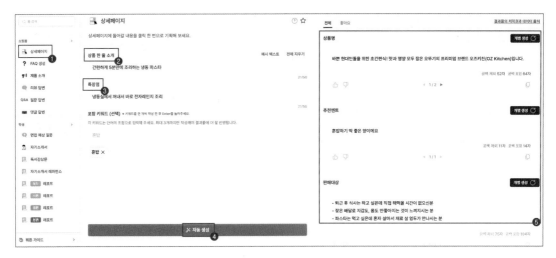

랜딩 페이지 프롬프트에서 나온 결과물을 가지고 디자인 기획 후 실제 랜딩 페이지를 만들면 더 효과적인 구성으로 랜딩페이지를 완성할 수 있습니다.

검색 엔진 최적화(SEO)

1 개요 및 특징

검색 엔진 최적화(SEO)는 검색 엔진 결과 페이지에서 웹사이트의 순위를 높이는 과정입니다. 이를 통해 웹사이트에 대한 가시성과 트래픽을 증가시킬 수 있습니다.

SEO는 크게 두 가지 영역으로 나눌 수 있습니다.
하나는 **콘텐츠 최적화(On-page SEO)로, 웹사이트의 콘텐츠와 코드를 최적화하는 것**입니다. 또 다른 하나는 **오프-페이지 SEO(Off-page SEO)로, 웹사이트의 외부 요소를 최적화**하는 것입니다.

▶ 콘텐츠 최적화

콘텐츠 최적화는 검색 엔진이 웹사이트의 콘텐츠를 이해하고 평가할 수 있도록 하는 과정입니다. 이를 위해 다음과 같은 방법을 사용할 수 있습니다.

- 키워드 연구를 통해 해당 웹사이트의 주제와 관련된 키워드를 선정합니다. 키워드 연구는 검색 엔진에서 해당 키워드로 검색하는 사용자의 수를 파악하고, 해당 키워드에 대한 경쟁 수준을 파악하는 과정입니다.

- 키워드를 콘텐츠에 적절하게 배치합니다. 키워드를 콘텐츠에 너무 많이 배치하면 오히려 검색 엔진에 부정적인 영향을 미칠 수 있으므로, 적절한 비율로 배치하는 것이 중요합니다.

- 콘텐츠의 품질을 높입니다. 콘텐츠의 품질이 높을수록 검색 엔진에서 더 높은 순위를 받을 수 있습니다. 콘텐츠의 품질을 높이기 위해서는 다음과 같은 사항을 고려해야 합니다.

콘텐츠의 내용이 정확하고 최신 정보여야 합니다.

- 콘텐츠의 내용이 정확하고 최신 정보여야 합니다.
- 콘텐츠의 구성이 논리적이고 이해하기 쉽습니다.
- 콘텐츠의 문법과 맞춤법이 정확해야 합니다.
- 콘텐츠의 디자인이 매력적이어야 합니다.

◉ 오프-페이지 SEO

오프-페이지 SEO는 웹사이트의 외부 요소를 최적화하여 검색 엔진에 웹사이트에 대한 신뢰도를 높이는 과정입니다. 이를 위해 다음과 같은 방법을 사용할 수 있습니다.

- 링크 빌딩을 통해 다른 웹사이트에서 웹사이트로 링크를 생성합니다. 링크 빌딩은 검색 엔진에서 웹사이트의 권위를 높이는 가장 효과적인 방법의 하나입니다. 링크 빌딩을 위해서는 다음과 같은 사항을 고려해야 합니다.

- 웹사이트의 주제와 관련된 웹사이트에서 링크를 생성해야 합니다.
- 자연스럽게 링크를 생성해야 합니다.
- 링크의 품질이 높아야 합니다.

- 소셜 미디어 마케팅을 통해 웹사이트의 콘텐츠를 소셜 미디어에서 홍보합니다. 소셜 미디어 마케팅은 웹사이트의 트래픽을 증가시키는 효과적인 방법입니다. 소셜 미디어 마케팅을 위해서는 다음과 같은 사항을 고려해야 합니다.

- 웹사이트의 콘텐츠와 관련된 소셜 미디어 채널을 선택해야 합니다.
- 콘텐츠를 주기적으로 업로드해야 합니다.
- 사용자와의 적극적인 소통을 통해 참여도를 높여야 합니다.

- 공식적인 도메인 등록을 통해 웹사이트의 신뢰도를 높입니다. 공식적인 도메인 등록은 웹사이트의 도메인 이름이 .com, .net, .org 등의 도메인과 같은 공식적인 도메인임을 의미합니다.

공식적인 도메인 등록은 검색 엔진에서 웹사이트의 신뢰도를 높이는 데 도움이 됩니다.

SEO의 효과

1 개요

▶ **웹사이트의 가시성 증가**

검색 결과 페이지에서 상위 순위에 노출되면 더 많은 사용자에게 웹사이트가 노출됩니다.

▶ **웹사이트의 트래픽 증가**

웹사이트의 가시성이 증가하면 웹사이트에 방문하는 사용자의 수가 증가합니다.

▶ **비즈니스 성과 향상**

웹사이트의 트래픽이 증가하면 비즈니스 성과가 향상될 수 있습니다. 예를 들어, 전자 상거래 웹사이트의 경우, 트래픽이 증가하면 판매량이 증가할 수 있습니다.

SEO는 웹사이트의 성공을 위한 중요한 요소입니다. SEO를 통해 웹사이트의 가시성과 트래픽을 증가시켜 비즈니스 성과를 향상시킬 수 있습니다.

2 장점 및 단점

검색 엔진 최적화(SEO)는 웹사이트나 웹페이지가 검색 엔진의 검색 결과에서 더 높은 순위를 차지하도록 하는 과정입니다. SEO를 통해 웹사이트나 웹페이지는 더 많은 트래픽을 유입받고, 이는 매출 증가, 브랜드 인지도 상승, 고객 충성도 향상 등 다양한 이점을 가져올 수 있습니다.

장점

❶ **비용 절감**

SEO는 유료 광고와 달리 별도의 비용이 들지 않습니다. 따라서 마케팅 예산이 적은 기업이나 스타트업에서도 효과적으로 활용할 수 있습니다.

❷ **장기적인 효과**

SEO의 효과는 지속적으로 유지됩니다. 따라서 한 번 최적화를 완료하면 장기간 동안 트래픽을 유입받을 수 있습니다.

❸ **신뢰도 향상**

SEO를 통해 검색 결과 상단에 노출된 웹사이트나 웹페이지는 관련 키워드에 대한 전문성을 인정받는다는 인상을 줄 수 있습니다. 이는 신뢰도 향상으로 이어져 매출 증가로 이어질 수 있습니다.

단점

❶ 시간 소요

SEO는 단기간에 효과를 보기 어렵습니다. 최적화를 완료하기 위해서는 최소 몇 달에서 몇 년의 시간이 소요될 수 있습니다.

❷ 전문성 필요

SEO는 검색 엔진의 알고리즘을 이해하고 적용하는 기술이 필요합니다. 따라서 전문적인 지식과 경험이 없는 경우 SEO를 효과적으로 수행하기 어려울 수 있습니다.

❸ 경쟁

SEO는 모든 기업이나 개인이 경쟁하는 분야입니다. 따라서 경쟁력을 갖추기 위해서는 꾸준한 노력과 최신 트렌드에 대한 이해가 필요합니다.

SEO는 비용 절감, 장기적인 효과, 신뢰도 향상 등 다양한 장점을 가진 마케팅 방법입니다. 다만, 시간 소요, 전문성 필요, 경쟁 등 단점도 존재하기 때문에, SEO를 도입하기 전에 장단점을 충분히 고려해야 합니다.

③ SEO의 중요성

SEO는 비즈니스에서 매우 중요한 마케팅 전략 중 하나입니다. SEO를 통해 웹사이트의 검색 결과 순위를 높이면 다음과 같은 효과를 얻을 수 있습니다.

❶ 웹사이트 방문자 수 증가

검색 결과 상위에 노출되면 더 많은 사람들이 웹사이트를 방문하게 됩니다.

❷ 웹사이트 신뢰도 향상

검색 결과 상위에 노출되면 웹사이트가 검색 엔진에서 인정받고 있다는 인식을 심어줄 수 있습니다.

❸ 비즈니스 성과 향상

웹사이트 방문자 수가 증가하면 비즈니스 성과도 향상될 수 있습니다.

4 SEO의 실천 방법

SEO는 다양한 요소에 영향을 받기 때문에, 웹사이트의 특성과 목표에 맞는 SEO 전략을 수립하고 실천하는 것이 중요합니다. 다음은 SEO를 실천하는 데 도움이 되는 몇 가지 방법입니다.

❶ 키워드 선정

SEO의 첫 단계는 키워드 선정입니다. 사용자가 검색할 가능성이 높은 키워드를 선정하여 콘텐츠를 작성해야 합니다.

❷ 메타 태그 작성

메타 태그는 검색 결과에 표시되는 웹사이트의 제목과 설명입니다. 메타 태그를 효과적으로 작성하여 검색 결과에서 웹사이트를 눈에 띄게 해야 합니다.

❸ 콘텐츠 작성

양질의 콘텐츠를 작성하는 것은 SEO의 핵심입니다. 사용자에게 유익하고 가치 있는 콘텐츠를 작성하여 검색 엔진의 평가를 높이고 방문자 수를 증가시켜야 합니다.

❹ 외부 링크 획득

외부 링크는 검색 결과 순위에 큰 영향을 미치는 요소입니다. 다른 웹사이트에서 웹사이트로 링크를 걸도록 유도하여 외부 링크를 획득해야 합니다.

5 SEO의 트렌드

SEO는 끊임없이 변화하고 있습니다. 검색 엔진은 사용자의 검색 의도와 웹사이트의 품질을 더욱 중요하게 평가하고 있으며, 이에 따라 SEO 전략도 변화하고 있습니다. 다음은 최근 SEO의 트렌드입니다.

❶ 사용자 의도 중심

검색 엔진은 사용자가 검색한 키워드에 대한 의도를 파악하고 관련성이 높은 결과를 제공하는 것을 목표로 하고 있습니다. 따라서 SEO 전략은 사용자의 의도를 파악하고 이를 충족하는 콘텐츠를 제공하는 데 초점을 맞춰야 합니다.

❷ 웹사이트의 품질

검색 엔진은 웹사이트의 품질을 점점 더 중요하게 평가하고 있습니다. 따라서 SEO 전략은 웹사이트의 콘텐츠, 구조, 디자인 등을 최적화하여 웹사이트의 품질을 높이는 데 초점을 맞춰야 합니다.

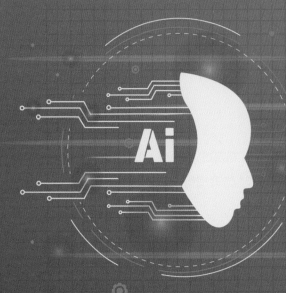

12강 | 나만의 실무 프롬프트 만들기

12강 나만의 실무 프롬프트 만들기

지금까지 프롬프트 작성 방법을 익히셨으니, 이제는 여러분의 실무에 적합한 나만의 프롬프트를 만들어 보세요. 여러분의 창의적인 사고와 전문 지식을 활용하여 여러분의 실무 능력을 한층 더 발전시킬 수 있는 좋은 도구가 될 것입니다.

1 SWOT 분석 활용 프롬프트

동일한 프레임워크를 활용하더라도, 분석의 관점을 달리하여 프롬프트를 작성하면 다양한 관점과 상황에 적합한 유연한 분석이 가능합니다. 예를 들어, 같은 시장 데이터를 바탕으로 한 SWOT 분석에서도 타깃 소비자 집단, 제품의 특성, 또는 경쟁 환경에 따라 각 요소를 달리 해석하고 강조할 수 있습니다. 이렇게 함으로써 더욱 효과적이고 맞춤화된 전략을 수립할 수 있습니다.

SWOT 분석을 특정 부분에 초점을 맞춰 진행하기 위해서는 프롬프트를 다음과 같이 변형할 수도 있습니다.

▶ 특정 시장 및 소비자 집단에 초점을 맞춘 프롬프트

 젊은 세대 소비자들과의 관계를 중심으로 '파리바게트'의 SWOT 분석을 진행해 줘. 특히 젊은 소비자들 사이에서 파리바게트 케이크의 인기도와 인식을 평가하고 현재의 소셜 미디어 트렌드와 젊은 소비자들의 취향 변화에 어떻게 대응하고 있는지 객관적이고 명료하게 분석해 줘. 분석된 내용을 바탕으로 ST, SO, WT, WO 전략을 명확하게 제시하고 총평을 덧붙여줘. 총평에서는 우선적으로 해야 할 전략에 대한 제언을 포함시켜야 해.

▶ 경쟁사와의 비교 분석을 포함한 프롬프트

 '파리바게트'의 SWOT 분석을 진행해 줘, 이때 주요 경쟁사인 뚜레쥬르와의 비교를 포함시켜야 해. 강점, 약점, 기회, 위협을 각각 분석하고, 경쟁사 대비 우위를 점할 수 있는 ST, SW, WT, WO 전략을 제안해 줘. 분석은 명확하고 객관적이며, 각 요소에 대한 개요와 상세한 분석을 함께 제시해야 해. 마지막에 우선적으로 해야 할 전략에 대한 제언을 포함한 총평을 덧붙여야 해.

▶ 고객 충성도 및 브랜드 이미지 분석을 포함한 프롬프트

 '파리바게트'의 SWOT 분석을 해줘. 고객 충성도와 브랜드 이미지에 대한 강점과 약점을 상세히 분석하고 이를 바탕으로 ST, SW, WT, WO 전략을 제안해 줘. 분석은 명확하고 객관적이며, 각 요소에 대한 개요와 상세한 분석을 함께 제시해야 해. 마지막에 총평을 덧붙여 줘. 총평에서는 우선적으로 해야 할 전략에 대한 제언을 포함시켜야 해.

▶ 디지털 마케팅 및 온라인 판매에 초점을 맞춘 프롬프트

 '파리바게트'의 SWOT 분석을 진행해 줘. 파리바게트의 디지털 마케팅과 온라인 판매 채널에 대한 강점과 약점, 기회 및 위협을 상세히 분석하고 이를 바탕으로 ST, SW, WT, WO 전략을 수립해 줘. 그리고 마지막에 총평을 넣어줘, 총평에서는 우선적으로 해야 할 전략에 대한 제언을 포함시켜야 해.

이와 같이, 다양한 관점에서 SWOT 분석을 수행함으로써 조직 또는 프로젝트에 대한 포괄적인 이해를 얻을 수 있으며, 특정 관심 사항에 더 깊이 집중할 수 있습니다.

2 PEST 분석 활용 프롬프트

새로운 사업을 시작할 때, PEST(Politics, Economic, Social-Cultural, Technological) 분석은 중요한 정보를 제공하는 대표적인 환경 분석 프레임워크 중 하나입니다. SWOT 분석에서 외부적 기회 요인과 위협 요인을 정의하기 위해 활용되기도 합니다.

PEST 분석은 정치, 경제, 사회문화, 기술의 네 가지 요소로 구성됩니다. 이 요소들을 분석하여 기업의 외적인 환경 상황을 파악하고, 기업에게 위협이나 기회 요인으로 작용할 수 있는 것이 무엇인지 식별할 수 있습니다.

베이커리 전문점 창업을 준비한다고 가정하고 챗GPT에게 [베이커리 산업]에 대한 PEST 분석을 요청하겠습니다.

너는 산업 분석과 전략 수립 전문가야. 베이커리 전문점 창업을 앞두고 한국 베이커리 산업의 PEST 분석을 하려고 해. #요청사항과 같이 분석하고 내용을 제시해 줘.

#요청사항
- '한국 베이커리 산업'의 PEST 분석을 한 후, 결과를 바탕으로 주요 이슈와 시사점을 도출할 것.
- 도출된 주요 이슈와 시사점을 검토하고 '베이커리 전문점 창업'과 관련성이 높은 항목을 선별하고 우선순위로 제시할 것.
- 선별된 우선순위를 바탕으로 기회요인과 위협요인을 제시할 것.

PEST 분석

정치적 (Political):
- 정부의 식품 안전 규제와 건강 관련 정책
- 중소기업 및 창업 지원 정책

경제적 (Economic):
- 소비자 구매력 및 소비 트렌드
- 임대료, 원자재 가격의 변동

사회적 (Social):
- 건강 및 웰빙에 대한 관심 증가
- 특색 있는 지역 제품에 대한 선호
- SNS 및 온라인 마케팅의 영향력

기술적 (Technological):
- 온라인 주문 및 배달 서비스 기술의 발전
- 베이킹 기술 및 장비의 혁신

이슈 및 시사점
1. 건강 지향적 제품의 수요 증가: 소비자들은 건강에 좋은 재료를 사용한 베이커리 제품을 선호하고 있습니다.
2. 온라인 마케팅의 중요성: SNS와 온라인 플랫폼을 활용한 마케팅이 중요해지고 있습니다.
3. 지역 특화 및 차별화 전략: 지역적 특색을 살린 제품 개발과 서비스 제공이 필요합니다.

4. 원자재 가격 변동에 대한 대응: 원자재 가격의 변동성에 대비하여 비용 관리 전략이 중요합니다.

베이커리 전문점 창업 관련 우선순위
    1. 건강 지향적 제품 개발
    2. 온라인 마케팅 및 SNS 활용
    3. 지역 특화 및 차별화 전략 수립

기회요인 및 위협요인
기회요인:
    1. 건강과 웰빙 트렌드에 따른 건강 지향적 제품에 대한 수요 증가
    2. 온라인 마케팅과 SNS를 통한 브랜드 인지도 및 고객 접근성 증가
    3. 지역적 특색을 반영한 독특한 제품 개발로 경쟁 우위 확보

위협요인:
    1. 경쟁이 치열한 베이커리 시장에서의 차별화 어려움
    2. 원자재 가격의 불안정성과 경제적 변동성
    3. 정부의 식품 안전 및 건강 관련 규제 강화

이 분석을 바탕으로 베이커리 전문점 창업 시 전략을 수립하고, 시장 내에서의 경쟁 우위를 확보할 수 있는 방향을 모색해야 합니다.

PEST 분석도 특정 부분이나 관심사에 맞게 프롬프트를 변형하여 진행할 수 있습니다.

▶ 웰빙 트렌드와 관련된 이슈 도출을 위한 프롬프트

베이커리 전문점 창업을 앞두고 한국 베이커리 산업의 PEST 분석을 하려고 해.
한국 베이커리 산업의 정치적, 경제적, 사회문화적, 기술적 측면을 고려해서 PEST 분석을 하고 분석 결과를 바탕으로 웰빙 트렌드와 관련된 주요 이슈와 시사점을 도출해 줘. 도출된 주요 이슈와 시사점을 검토하고 기회요인과 위협요인을 제시해 줘.

▶ 친환경과 관련된 이슈 도출 프롬프트

베이커리 전문점 창업을 앞두고 한국 베이커리 산업의 PEST 분석을 하려고 해.
한국 베이커리 산업의 정치적, 경제적, 사회문화적, 기술적 측면을 고려해서 PEST 분석을 하고 분석 결과를 바탕으로 친환경과 관련된 주요 이슈와 시사점을 도출해 줘. 도출된 주요 이슈와 시사점을 검토하고 기회요인과 위협요인을 제시해 줘.

3 마이클 포터의 5 FORCES 분석 활용 프롬프트

마이클 포터의 5 Forces 분석은 산업 내 경쟁 수준을 조사하는 데 유용하게 사용되는 분석 프레임 워크 중 하나입니다. 마이클 포터는 기업의 경쟁력은 산업 내 5가지 힘의 요소에 달려 있다고 보았 습니다. 산업에 존재하는 5가지 힘의 요소는 기존 경쟁자와의 경쟁, 신규 경쟁자의 출현 가능성, 대체재의 위협, 공급자의 교섭력, 구매자의 교섭력을 말합니다. 각각의 힘이 강할수록 산업의 매력도는 낮아지고, 기대 이익은 감소합니다.

이 분석 프레임워크는 창업을 하거나 다른 산업으로 이전을 할 경우 상당히 유용하게 사용됩니다. 창업이나 산업 전환을 위해서는 산업의 매력도를 평가하고, 경쟁력을 강화할 수 있는 전략을 수립 하는 것이 중요합니다. 5 Forces 분석은 이러한 작업을 수행하는 데 도움을 줄 수 있습니다.

챗GPT와 Bard를 활용해서 [**한국 베이커리 산업**]의 5 Forces 분석을 해 보겠습니다.

 너는 산업 분석과 전략 수립 전문가야. '한국의 베이커리 산업'의 5 forces 분석을 #요 청사항을 따라서 진행해 줘.

#요청사항
- 5가지 요인별로 분석하고 아래에 분석 '총평' 입력.
- '총평'에는 분석을 기반으로 한국 베이커리 시장의 '경쟁 강도'에 대한 종합적인 평 가와 전략적 제언을 포함할 것.
- '경쟁 강도'는 '상', '중', '하' 형식으로 표현할 것.
- 5가지 요인에 대한 경쟁 강도를 각 항목 이름 옆에 입력.
- '총평' 옆에 한국 베이커리 산업의 종합적인 경쟁 강도를 입력.
- 분석 결과는 각 항목별로 리스트 형식으로 출력.

 한국의 베이커리 산업에 대한 포터의 5 Forces 분석은 다음과 같습니다:

- 신규 진입자의 위협 (중): 한국 베이커리 시장은 상대적으로 낮은 진입 장벽을 가지 고 있어, 신규 진입자들이 쉽게 시장에 진입할 수 있습니다. 하지만, 대형 프랜차이즈 와의 경쟁, 원자재 비용, 운영 노하우 등을 고려하면 중간 수준의 위협이 있습니다.

- 구매자의 교섭력 (상): 소비자들은 다양한 종류의 베이커리 제품과 브랜드 중에서 선택할 수 있기 때문에 높은 교섭력을 가지고 있습니다. 또한, 소비자들은 가격, 품 질, 편의성 등을 고려하여 선택하기 때문에 베이커리 기업들은 지속적으로 혁신과 차별화 전략을 추구해야 합니다.

- 대체품의 위협 (중): 다양한 유형의 스낵, 간식, 식사 대체품들이 시장에 존재합니다. 특히 건강과 웰빙 트렌드에 따른 건강 지향적인 식품의 선호도가 증가함에 따라 이러한 대체품들의 위협은 중간 수준입니다.

- 공급자의 교섭력 (하): 원자재 공급자는 다수 존재하며, 베이커리 제품에 사용되는 기본 재료들은 상대적으로 표준화되어 있습니다. 이로 인해 공급자의 교섭력은 낮은 편입니다.

- 경쟁 업체 간의 경쟁 (상): 한국 베이커리 시장은 매우 경쟁적입니다. 다양한 국내외 브랜드가 존재하며, 지속적인 혁신과 차별화 전략이 필요합니다. 가격 경쟁, 제품의 다양성, 서비스 품질 등에서 치열한 경쟁이 이루어지고 있습니다.

- 총평 (경쟁 강도: 상): 한국 베이커리 산업은 높은 경쟁 강도를 가지고 있습니다. 소비자들의 다양한 요구와 높은 기대치, 강한 경쟁 업체 간의 경쟁, 신규 진입자의 지속적인 유입 등이 이를 뒷받침합니다. 전략적 제언으로는 지속적인 제품 혁신, 고객 맞춤형 서비스, 브랜드 차별화, 건강 및 웰빙 트렌드에 대응하는 제품 개발이 필요합니다. 또한, 디지털 마케팅과 소셜 미디어 활용을 통한 브랜드 인지도 및 충성도 강화가 중요합니다.

 한국 베이커리 산업의 5 forces 분석

1. 산업 내 경쟁자
- 경쟁 강도: 상
한국 베이커리 산업은 진입 장벽이 낮고, 시장 규모가 크다 보니 경쟁이 치열한 편입니다. 특히, 대형 프랜차이즈 업체들이 시장을 선점하고 있으며, 중소 규모의 업체들도 빠르게 증가하고 있습니다.

2. 잠재적 진입자
- 경쟁 강도: 중
베이커리 산업은 진입 장벽이 낮은 편입니다. 식품 위생 관련 규제가 완화되고 있고, 소규모 창업이 활성화되면서 잠재적 진입자가 증가할 것으로 예상됩니다.

3. 대체재
- 경쟁 강도: 중
베이커리 제품은 식사 대용품으로 활용될 수 있지만, 대체재가 다양합니다. 예를 들어, 편의점 도시락, HMR(가정간편식), 배달 음식 등이 대체재로 존재합니다.

4. 고객의 교섭력

- 경쟁 강도: 하

  베이커리 제품은 비교적 저렴한 편이고, 고객의 충성도가 낮은 편입니다. 따라서 고객의 교섭력이 크지 않습니다.

5. 공급자의 교섭력

- 경쟁 강도: 중

  베이커리 산업은 식자재, 노동력 등 원자재의 의존도가 높은 편입니다. 따라서 공급자의 교섭력이 크지 않습니다.

총평

한국 베이커리 산업은 진입 장벽이 낮고, 경쟁이 치열한 편입니다. 잠재적 진입자와 대체재의 위협도 존재합니다. 다만, 고객의 교섭력은 크지 않고, 공급자의 교섭력은 중간 수준입니다.

따라서, 한국 베이커리 산업의 경쟁 강도는 중수준으로 평가할 수 있습니다.

전략적 제언

- 경쟁력 강화를 위해서는 차별화된 제품과 서비스 개발이 필요합니다.
- 잠재적 진입자의 위협을 방어하기 위해서는 브랜드 인지도와 충성도 확보가 중요합니다.
- 대체재의 위협을 완화하기 위해서는 다양한 제품 개발과 마케팅 전략 수립이 필요합니다.

특히, 다음과 같은 전략을 고려할 수 있습니다.

- 건강한 식재료를 사용한 베이커리 제품 개발
- 배달, 테이크아웃 등 다양한 판매 채널 구축
- 온라인 마케팅 강화
- 해외 진출

이러한 전략을 통해 경쟁력을 강화하고, 지속 가능한 성장을 도모할 수 있을 것입니다.

4 강의 및 세미나 아웃라인 잡기

강의나 세미나를 계획할 때에도 챗봇을 활용하면 대상에 맞는 창의적인 아웃라인을 빠르고 효율적으로 작성할 수 있습니다. 챗GPT는 창의성에 강점이 있어서 기존의 틀에 얽매이지 않고 새로운 방법으로 강의나 세미나를 진행하고자 하는 경우 유리하고, Bard는 사실적인 텍스를 생성하는 데 강점이 있기 때문에 정확한 아웃라인을 작성하는 데 더 적합합니다. 따라서 강의의 목적과 대상에 따라 적합한 챗봇을 선택하는 것이 좋습니다.

이번에는 강의 아웃라인 작성을 Bard에게 요청해 보겠습니다.

 너는 마케팅 강의 전문가야. '실무에 활용할 수 있는 챗GPT 프롬프트 만들기'를 주제로 기업의 마케팅 실무자를 대상으로 2시간 분량의 이론 및 실습 강의를 계획하고 있어. 이에 대한 강의 아웃라인을 작성해 줘.

 강의 주제: 실무에 활용할 수 있는 챗GPT 프롬프트 만들기

강의 대상: 기업의 마케팅 실무자

강의 시간: 2시간

강의 목표:

- 챗GPT 프롬프트의 기본 개념 및 활용 방법을 이해한다.
- 챗GPT 프롬프트를 활용하여 다양한 마케팅 콘텐츠를 제작할 수 있다.

강의 구성:

1. 챗GPT 프롬프트의 개념 및 활용 방법

- 챗GPT 프롬프트란?
- 챗GPT 프롬프트의 활용 방법
- 챗GPT 프롬프트의 장단점

2. 실무에 활용 가능한 챗GPT 프롬프트 작성 요령

- 목적에 맞는 프롬프트 작성
- 구체적이고 명확한 프롬프트 작성
- 창의적이고 독창적인 프롬프트 작성

3. 실습: 챗GPT 프롬프트를 활용한 마케팅 콘텐츠 제작

- 뉴스레터, 블로그 포스팅, SNS 콘텐츠 등 다양한 마케팅 콘텐츠 제작 실습

강의 진행 방법:

- 강의 중간중간 실습과 토론을 통해 참여도를 높이고 이해도를 높인다.
- 강의 후에는 참가자들이 챗GPT 프롬프트를 활용하여 마케팅 콘텐츠를 직접 제작할 수 있도록 과제를 부여한다.

강의 예시:

1. 챗GPT 프롬프트의 개념 및 활용 방법

- 챗GPT 프롬프트의 개념을 설명하고, 활용 방법에 대해 예시를 들어 설명한다.
- 챗GPT 프롬프트의 장단점에 대해 설명한다.

2. 실무에 활용 가능한 챗GPT 프롬프트 작성 요령

- 목적에 맞는 프롬프트 작성 방법을 설명한다.
- 구체적이고 명확한 프롬프트 작성 방법을 설명한다.
- 창의적이고 독창적인 프롬프트 작성 방법을 설명한다.

3. 실습: 챗GPT 프롬프트를 활용한 마케팅 콘텐츠 제작

- 참가자들에게 뉴스레터, 블로그 포스팅, SNS 콘텐츠 등 다양한 마케팅 콘텐츠의 주제를 제시한다.
- 참가자들이 제시된 주제에 맞는 챗GPT 프롬프트를 작성하도록 한다.
- 참가자들이 작성한 프롬프트를 바탕으로 마케팅 콘텐츠를 제작하도록 한다.

이러한 강의 이우트라인을 바탕으로 참가자들의 수준과 요구 사항에 맞게 강의를 구체화할 수 있을 것이다.

이번에는 AI와 메타버스 트렌드에 관한 세미나를 기획한다고 가정하고, 챗GPT에게 세미나 기획서를 작성하도록 요청하겠습니다.

 너는 AI 전문가이자 세미나 기획 전문가야. AI와 메타버스 트렌드에 관한 세미나를 기획하려고 해. 세미나 참가자는 대학생이고 전문가 강연과 패널 토론으로 구성하고 싶어. 3시간 길이의 세미나 기획안을 표형식으로 정리해서 제안해 줘.

 AI와 메타버스 트렌드에 관한 세미나를 대학생 대상으로 기획하는 경우, 각 세션은 전문가 강연 및 패널 토론으로 구성할 수 있습니다. 아래는 3시간 길이의 세미나 기획안입니다.

시간	세션	내용	세부사항
13:00 - 13:10	개회사	세미나 소개 및 개요 제시	주최자 또는 관련 분야 전문가가 개회사 진행
13:10 - 13:50	강연 1	"AI 기술의 현재와 미래"	AI 분야의 전문가가 최신 기술 동향, 미래 전망 등에 대해 발표
13:50 - 14:30	강연 2	"메타버스: 새로운 가상세계의 가능성"	메타버스 전문가가 메타버스의 개념, 응용 분야, 비즈니스 기회 등에 대해 발표
14:30 - 14:40	휴식	-	참가자들에게 휴식 시간 제공
14:40 - 15:20	패널 토론	"AI와 메타버스의 융합: 기회와 도전"	AI와 메타버스 전문가, 학계 및 산업계 대표가 참여하는 토론. 참가자들의 질문과 답변 시간 포함
15:20 - 15:30	폐회 및 네트워킹	세미나 마무리 및 네트워킹 시간	참가자들이 연사 및 다른 참가자들과 네트워킹할 수 있는 시간 제공

이 기획안은 AI와 메타버스에 관심 있는 대학생들에게 최신 정보를 제공하고, 전문가들과의 상호작용을 통해 깊이 있는 토론을 할 수 있는 기회를 제공합니다. 세미나의 성공을 위해 각 세션은 참여적이고 상호작용이 가능하도록 구성되어야 합니다.

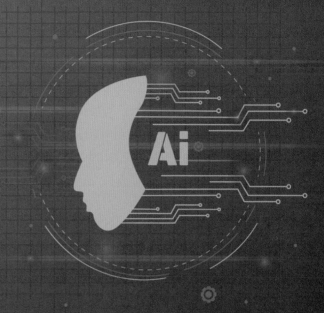

13강 | Ai를 활용한 무료 이미지 및 로고 만들기

13강 Ai를 활용한 무료 이미지 및 로고 만들기

① 캔바(Canva)에서 무료 로고 만들기

캔바는 다양한 배경을 가진 사용자가 전문 지식이 없어도 고품질의 그래픽 디자인을 쉽게 제작할 수 있도록 지원하는 사용자 친화적인 플랫폼입니다. 캔바는 AI 기술을 통합하여 로고, 소셜 미디어 게시물, 동영상, 전단 등의 디자인 작업을 더 빠르고 효율적으로 수행할 수 있도록 합니다. 캔바의 방대한 템플릿과 리소스 라이브러리를 활용하면, 사용자는 다양한 목적으로 디자인을 활용하여 디지털 시대에서의 브랜딩과 마케팅 전략을 강화할 수 있습니다.

① 포털 사이트 검색창에서 [**캔바**] 입력 후 ② 검색된 사이트에서 [**Canva**] 사이트를 클릭합니다.

① 캔바에 회원가입이 되어 있다면 [**로그인**]을 진행합니다. 캔바 이용 후 로그아웃을 하지 않고 사이트에서 나왔다면 이후에는 로그인 과정을 거치지 않고 Canva 사이트로 바로 연결됩니다.

② 회원가입이 되어 있지 않다면 [**가입**]을 클릭하여 회원가입을 진행합니다. Canva 이용 약관 동의, 계정 선택 등을 완료하면 Canva 메인 화면으로 이동됩니다.

캔바 메인 화면입니다. 캔바의 유용한 기능 중 템플릿을 이용한 로고 디자인을 해보겠습니다. 상단 메인 메뉴 위에 마우스를 올리면 서브 메뉴가 열립니다. ① 메인 메뉴 [**추천 디자인 기능**] 중 ② 서브 메뉴 [**마케팅**] 중 [**로고**]를 클릭합니다. ③ 상단 메뉴에서 선택하지 않고 레프트 메뉴에서 [**템플릿**] 선택 후 템플릿 페이지가 열리면 상단 검색창에 로고 디자인의 키워드를 입력하여 검색해도 됩니다. (예 : 로고, 식당 로고, 레스토랑 로고, 카페 로고 등) 본 책에서는 상단 메뉴바를 이용해서 템플릿을 검색하겠습니다.

로고 페이지가 열렸습니다. 페이지 아랫부분에서 로고 유형을 선택할 수 있습니다. ① [**좌/우 원형 화살표**]를 클릭하면 식당, 카페, 패션, 요식업, 자동차 무역 등 유형을 다양하게 확인할 수 있습니다. ② 샘플로 [**식당 로고**]를 선택하겠습니다.

① 로고 컨셉이 정해져 있다면 [모든 필터] 탭(Tab)을 클릭하여 필터 지정 후 로고 디자인을 검색합니다. ② [스타일, 테마, 기능, 색상]의 필터만 지정하여 검색할 수도 있습니다. ③ [왕관 표시]가 있는 템플릿은 [유료 사용자]만 사용 가능합니다. ④ 본 책에서는 [무료 템플릿] 중에서 업종을 [커피숍]으로 선정하여 템플릿을 선택하겠습니다.

① 선택한 템플릿은 디자인은 동일하지만, 배경·글자·요소 등의 색상이 각각 다른 [2개 페이지]로 구성되어 있다는 의미입니다. ② 이 템플릿을 사용하려면 [이 템플릿 맞춤 편집하기]를 클릭합니다. ③ 처음 선택한 템플릿과 비슷한 이미지의 템플릿이 25개 있다고 안내합니다. 비슷한 컨셉의 템플릿을 더 보고 싶으면 살펴보고 [다른 템플릿을 선택]해도 됩니다.

① 앞에서 [2개 페이지]로 구성된 템플릿이 열렸습니다. ② [왼쪽 메뉴]를 각각 이용하여 나만의 디자인으로 수정할 수 있습니다. 현재 위 그림에 보이는 메뉴 아래 아래로 드래그하면 사진, 오디오, 동영상 등의 메뉴가 더 있습니다. ③ 화면 크기를 조절할 수 있는 조절한 바의 [조절점]을 좌우로 드래그하여 디자인 화면의 크기를 축소 및 확대할 수 있습니다. 확대는 500%까지 가능합니다.

④ 조절점을 이용하지 않고 [확대/] 버튼을 눌러 지정된 10~300% 사이의 사이즈 조절이 가능합니다.

① 화면을 [100%]로 확대하였습니다. 화면 크기 조절은 사용자 편의에 따라 임의로 조절하면 됩니다. ②~④의 [커피숍 이름 및 부연 설명]을 [챗GPT]를 활용하여 구할 수 있습니다. 사용자가 미리 지정해 놓은 커피숍 이름을 사용해도 됩니다. 필자는 챗GPT의 도움을 받아 약간 보완한 이름으로 디자인을 수정하겠습니다.

② LUNA BEAN
③ REFINED TASTE & CHARM
④ SINCE 2024

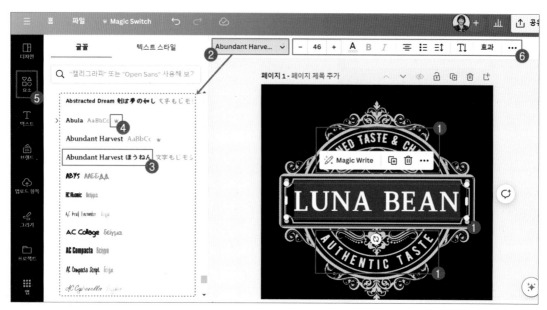

① 수정할 [**텍스트**]를 각각 [**더블 클릭**] 또는 [**드래그**]하여 범위 지정 후 수정할 텍스트를 입력합니다. ② 글꼴을 변경하고 싶다면 [**글꼴**] 탭을 클릭하여 ③ 사용자가 원하는 글꼴을 클릭하면 변경됩니다. ④ 템플릿 선택 시와 동일하게 글꼴도 [**왕관**] 표시 있는 글꼴은 [**유료 사용자**]만 가능합니다. ⑤ 왼쪽 메뉴의 [**요소**]도 왕관 표시가 있는 요소는 유료 사용자만 가능합니다. 그러나 디자인을 전문적으로 하지 않는 사용자들은 캔바에서 제공하는 무료 템플릿 및 리소스 라이브러리로 충분히 좋은 디자인을 만들 수 있습니다. ⑥ 글꼴 외 [**글꼴 크기, 텍스트 색상, 굵기, 기울임 꼴, 정렬, 목록, 간격, 세로 텍스트, 효과, 더 보기**] 메뉴를 활용하여 텍스트 디자인을 수정할 수 있습니다.

① 디자인 완료 후 [**공유**] 버튼을 클릭하고 ② 공유 페이지가 열리면 [**다운로드**]를 눌러줍니다.

① [**파일 형식**]을 클릭하여 PNG, JPG 등 필요한 형식을 선택합니다. ② [**페이지 선택**]을 눌러 다운
로드할 페이지를 선택합니다. 전체 페이지를 선택하여 저장하면 zip 압축 파일로 저장됩니다. 디자인
페이지 수가 1개였다면 페이지 선택 메뉴가 보이지 않습니다. ③ [**다운로드**]를 클릭합니다.

저장할 폴더 선택 후 ① [**파일 이름**]은 수정이 필요하면 수정 후 ② [**저장**]합니다.

● 완성 디자인 및 저장 파일 형식

①~② : 배경 색상 있음. 무료/유료 사용자. 다운로드 시 파일 형식을 jpg 및 png로 저장.

③~④ : 배경 색상 없음 : 유료 사용자 가능

- **다운로드 시 [투명 배경] 선택 저장 :** 배경 색상은 없으나 로고 전체를 한 개의 이미지로 인식

- **다운로드 시 파일 형식을 [SVG] 선택 저장 :** Adobe Illustrator 프로그램에서 불러들여 ai 파일로 저장 가능. 세세하게 추가 수정 가능. 명함·시트·간판·메뉴판·배지 디자인 등에서 다양하게 활용 가능

- 무료 사용자가 위 디자인에서 배경 색상을 제거하고 저장하면 ③~④번 디자인처럼 보이나 배경 색상이 없는 것이 아니라 흰색으로 저장된 것임. 명함·시트·간판·메뉴판·배지 등 제작 업체에서는 대부분 ai 파일을 요구함. 드물게 명함업체에서 jpg나 png 파일을 사용하는 경우도 있지만 완성품의 품질이 ai 파일 제공 시보다 좋지는 않음.

※ 템플릿 디자인 수정 Tip

템플릿 선택 후 꼭 수정할 필요가 있는 부분만 수정하는 것이 좋습니다. 캔바 템플릿의 디자인은 세계적으로 유명한 디자이너들이 제작하였으므로 부득이하게 수정하지 않으면 안 될 부분만 수정할 것을 권장합니다. 예를 들어 **색상이나 요소 등을 과도하게 변경하게 되면 다른 부분까지 추가 수정해야 하는 경우가 생길 수밖에 없습니다.** 이곳저곳을 수정하다 보면 디자인이 엉켜 많은 시간이 소모되고 템플릿의 의미가 사라지게 됩니다.

2 캔바 매직 미디어(Magic Media)에서 텍스트를 사용하여 이미지 만들기

캔바(Canva)에는 외부와 연동된 앱이 많습니다. 캔바 내에서 외부 앱을 사용하면 사용자는 콘텐츠 작업을 한 곳에서 완료할 수 있어 효율성을 높일 수 있습니다. 예를 들면 Canva의 "Magic Media" 앱을 사용하면 Canva 내에서 바로 이미지를 편집하거나 생성할 수 있습니다. 이렇게 하면 사용자는 이미지 및 동영상 편집을 위해 별도의 앱들 열고 이미지를 가져온 다음 다시 Canva로 되돌아가는 번거로움을 덜 수 있습니다.

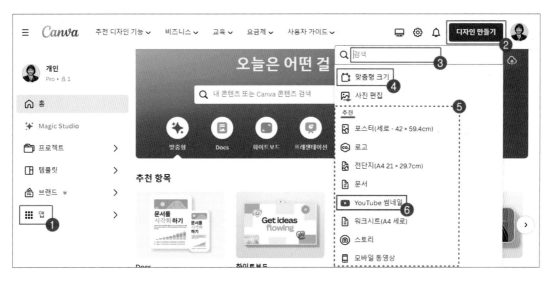

캔바에 로그인합니다. 캔바와 연동된 앱을 사용하는 방법은 두 가지가 있습니다. 앱을 먼저 선택 후 디자인 스타일 및 크기를 지정하는 방법과 디자인 스타일 및 크기를 먼저 선택 후 앱을 선택하는 방법입니다.

첫째, 앱을 먼저 선택하는 방법입니다. ① 캔바 메인 화면 사이트 패널의 [앱]을 클릭하면 [추천, AI기반, 생산성, 디자인 필수품, 공유 및 게시, 모든 앱] 등의 탭이 있습니다. 그중 [AI 기반] 탭에서 [Magic Media] 앱을 검색하여 사용하는 방법입니다. 둘째, 디자인 스타일 및 크기를 먼저 선택하는 방법입니다. ② 캔바 메인 화면 상단 우측의 [디자인 만들기]에서 스타일과 크기를 선택한 뒤 [Magic Media] 앱을 검색하여 이미지를 생성하는 방법입니다. 어떤 방법을 사용하든 사용자의 작업 여건을 고려하여 이미지 작업을 시작하면 됩니다. 본 책에서는 두 번째 [디자인 만들기] 방법으로 진행하겠습니다. [디자인 만들기]를 클릭하면 스타일과 크기를 선택할 수 있는 하위 메뉴가 열립니다. 스타일과 크기 설정 방법은 첫째, ③ [검색창]에서 직접 검색(예: 명함, 전단 등) 둘째, ④ [맞춤형 크기]에 크기를 직접 입력(예: 가로100cm, 세로 60cm) 셋째, ⑤ 캔바가 제공하는 [추천]에서 선택하는 방법 등이 있습니다. ⑥ 본 책에서는 직사각형 크기의 [Youtube 썸네일]을 선택합니다. Youtube 썸네일 사이즈 선택은 Youtube 썸네일을 디자인 하는 사용자가 선택할 수도 있고 가로 형태의 이미지 제작 시에도 선택할 수 있습니다.

① 왼쪽 메뉴 바에서 [앱]을 클릭합니다. ② Canva 앱 검색 화면의 [**검색하기**] 탭에서 아래로 드래그하면 기능, 인기항목, Canva의 다양한 기능 아래에 있는 [**인기**]와 [**AI 기반**]에 Magic Media 앱이 있습니다. 둘 중 한 곳을 클릭합니다. ③ 상단 [**검색창**]에 [**Magic Media**]를 입력해 검색해도 됩니다. 캔바에서 앱을 처음 사용할때는 위와 같이 검색 방법을 사용하지만 앱을 한번 사용 후에는 ①번 [앱] 아래로 사용했던 [**Magic Media 앱 아이콘**]이 보이므로 그 아이콘만 클릭하여 사용하면 됩니다.

컨셉은 불고기 음식점 실내 인테리어 제작입니다. Magic Media 앱의 이미지 탭은 Text to Image 기능입니다. ① Magic Media 앱 화면의 [이미지] 탭에서 ② 생성하려는 [이미지의 설명을 입력] 합니다. 사물, 색상, 장소 등을 포함하는 등 상세하게 설명할수록 도움이 됩니다. ③ 설명이 너무 막연하게 느껴지면 [예시 사용해 보기]를 클릭하여 도움을 받습니다. 예시도 도움이 되지 않는다면 챗GPT의 도움 받는 것을 추천합니다. 챗GPT 프롬프트에 어떻게 입력해야 할지도 막막하다면 아래 예시와 같이 프롬프트를 작성해 봅니다. 아래 프롬프트 예시는 정답은 아니며 사용자가 계속 개발해야 합니다. (챗GPT 프롬프트 예시는 아래를 참고하세요.) ④ [이미지 생성 클릭 전]에 [스타일]의 [모두 보기]를 클릭하여 생성할 이미지의 스타일을 선택하세요. 클릭해서 들어가 보면 [포토 그래픽, 디지털 아트, 미술] 분야 등 다양한 스타일이 있습니다. 불고기 음식점 컨셉과 맞는 스타일이 없다면 선택하지 않아도 됩니다. ⑤ 필자는 [디지털 아트]의 [컨셉 아트]를 선택했습니다.

챗GPT 프롬프트 예시

"당신은 세계 최고의 프롬프트 엔지니어로 답변하는 것이 당신의 임무입니다. 제가 '텍스트를 이미지로 만들어주는 앱'에 이미지 설명을 해야 이미지가 생성됩니다. 고객을 사로잡을 수 있는 불고기 음식점의 실내 인테리어를 디자인해달라는 프롬프트를 5개 작성해 주세요. 글자 수는 공백 포함 280자를 넘지 않게 해주세요."

※ 글자 수를 280자로 제한한 것은 캔바의 [Magic Media에서 한글 기준 공백 포함 280자 이상 이면 뒤 문장이 삭제]됩니다. (Magic Media에서 공지는 찾지 못했고 필자가 테스트해 본 결과 입니다.) 챗GPT가 280 글자 이상을 답변하는 경우도 있으므로 [네이버 글자 수 세기]에서 글자 수를 확인합니다.

챗GPT가 생성해 준 프롬프트

필자는 여러 번 시도했고 일부 수정하여 캔바 Magic Media에서 사용했습니다.

"전통적인 한국 스타일의 음식점 내부를 상상해 보세요. 목재로 만들어진 테이블과 의자가 배치되어 있고, 각 테이블 중앙에는 고기를 직접 구울 수 있는 숯불 불판이 설치되어 있습니다. 따뜻한 조명 아래, 한글 메뉴판이 벽에 걸려 있으며, 불고기와 함께 제공되는 다양한 한국 전통 반찬들을 나열하고 있습니다. 이 음식점은 한국 전통 장식품과 식물들로 곳곳이 꾸며져 있어, 전통적이면서도 현대적인 분위기를 연출합니다. 사람들은 자리에 앉아 숯불 위에서 직접 불고기를 구워 먹으며, 아늑하고 친근한 분위기입니다."

이어서 ① [가로세로 비율]은 ② 음식점의 실내를 가로 형태로 가정하고 [가로]를 선택합니다. ③ [이미지 생성]을 클릭합니다.

① 이미지 4개가 생성되었습니다. 그 중 한 개를 클릭하면 [편집 화면 1페이지]에 이미지가 들어 갑니다. ② 이미지 [마우스 우클릭]하여 [이미지를 배경으로 설정]을 선택하면 이미지가 페이지의 배경으로 꽉 채워집니다. 마우스로 이미지를 더블클릭하면 전체사진 이미지가 보여지고 사진의 원하는 부분을 드래그해서 다시 배경으로 지정할 수 있습니다. ③ [다시 생성하기]를 클릭하면 새로운 이미지 4개가 생성됩니다. ④ 특정 이미지의 [점 3개 더 보기] 클릭 후 [비슷한 이미지 더 생성하기]를 한 번 더 클릭하면 비슷한 이미지 4개를 다시 생성해 줍니다.

① [페이지 추가] 아이콘 혹은 [+ 페이지 추가]를 클릭하면 새 페이지가 [수직 스타일]로
만들어집니다. ② [페이지 표시] 버튼을 클릭하면 각 페이지를 [가로 스타일]로 볼 수 있습니다.
③ 이미지 편집이 완료되면 [공유] 버튼을 클릭하여 다운로드합니다.

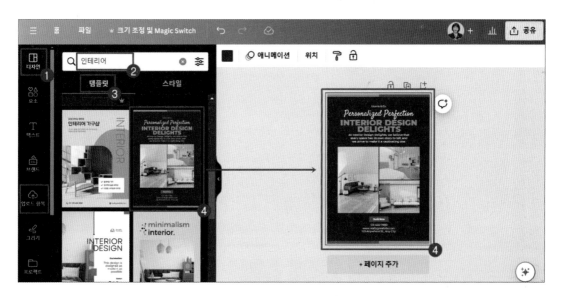

Magic Media 앱에서 생성한 이미지를 포스터로 제작하겠습니다. 캔바 메인 화면의 상단 우측
[디자인 만들기] 클릭 후 [포스터]를 클릭합니다. ① [디자인] 페이지가 열리면 ② 검색창에
[(음식점) 인테리어] 입력합니다. ③ [템플릿 탭]에서 ④ 마음에 드는 [템플릿을 클릭]하면
편집 화면에 열립니다. ⑤ 템플릿을 수정하기 위해 왼쪽 메뉴의 [업로드 항목]을 클릭합니다.

① [**업로드 항목**] 메뉴에 들어오면 ② 캔바의 Magic Media 앱에서 생성한 이미지가 업로드되어 있습니다. ③ 캔바 외부에서 작업한 파일은 [**파일 업로드**]를 통하여 업로드 해야 합니다. ④ 마음에 드는 [**이미지**]를 템플릿 요소 부분에 끌어다 놓으면 이미지가 교체됩니다. ⑤ 상/하 Text는 왼쪽 메뉴 [**T 텍스트**] 메뉴에서 매장 컨셉에 맞추어 수정합니다. ⑥ 템플릿 수정이 모두 완료되면 ⑦ [**공유**]를 눌러 다운로드하여 매장의 마케팅에 활용합니다.

① Megic Media에서 [**동영상**]도 제작 가능합니다. ② Text to Video [**베타**] 버전으로 아직 완벽하지 않습니다. ③ 동영상 길이는 [**4.0초 짧은 동영상**]이 생성됩니다. ④ 동영상에 사람이나 동물이 들어가면 얼굴, 손, 발의 형태가 완벽하지 않아 베타 버전에서는 동영상 제작을 추천하지 않겠습니다. 정식 버전으로 업그레이드되었을 때 사용하기를 권장합니다.

3 캔바에서 목업(Mockups)으로 디지털 이미지 만들기

mock-up이란 실제 제품을 만들어 보기 전, 디자인 검토를 위해 실물과 비슷하게 시제품을 제작하는 작업의 과정과 결과물을 통칭합니다.

목업 앱은 혁신적인 마케팅 도구를 제공하여, 제품이나 서비스를 소비자에게 효과적으로 전달할 수 있는 기회를 제공합니다. 특히, 캔바와 같은 디자인 플랫폼에 통합된 경우, 사용의 용이성과 접근성이 크게 향상됩니다. 목업 앱을 활용해 실제 제품이나 서비스를 시각적으로 표현할 수 있는 고화질의 디지털 이미지를 생성할 수 있습니다. 이는 소셜 미디어 광고, 웹사이트 배너, 프로모션 자료 등 다양한 마케팅 자료에 활용될 수 있습니다. 따라서, 비용과 시간을 크게 절약하며, 전문적인 디자인을 통해 브랜드 이미지를 강화하고, 타겟 고객에게 더욱 효과적으로 다가갈 수 있습니다.

목업 앱은 마케팅 전략을 다양화하고, 경쟁력을 갖출 수 있도록 지원함으로써, 비즈니스 성장에 중요한 역할을 할 수 있습니다.

캔바에 로그인합니다. ① [디자인 만들기]를 클릭 후 ② [맞춤형 크기]를 눌러줍니다.

① [단위]를 클릭하여 선택합니다. 단위는 px(픽셀), in(인치), mm, cm 등 4종류가 있습니다. ② 선택한 단위에 맞게 [가로] ③ [세로] 크기를 각각 입력 후 ④ [새로운 디자인 만들기]를 클릭합니다.

① 왼쪽 메뉴 바에서 [**앱**]을 클릭합니다. ② Canva 앱 검색 화면의 [**검색하기**] 탭에서 아래로 드래그하여 [**인기**]의 [**Mockups**]를 클릭합니다. ③ 상단 [**검색창**]에서 [**Mockups**] 입력 후 검색하여 선택해도 됩니다.

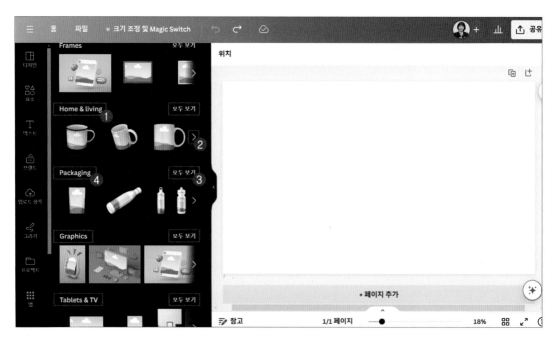

목업 메뉴가 열렸습니다. ① 위에서 차례대로 [**Popular, Smartphone, Print, Apparel, Computers, Frames, Home & Living, Packaging, Graphics, Tablets & TV, Branding, Watches**] 등 마케팅 도구에 따라 다양한 메뉴가 있습니다. ② 특정 메뉴의 디자인 오른쪽 방향 표 [**>**]를 클릭 클릭하면 현재 화면에서 보이지 않은 디자인을 확인할 수 있습니다. ③ 특정 메뉴 우측 [**모두 보기**] 버튼을 클릭하면 그 메뉴의 전체 디자인을 확인할 수 있습니다. 목업 디자인을 하기 위해 ④ [**Packaging**] 메뉴 전체 디자인을 확인하려면 우측의 ③ [**모두 보기**]를 클릭합니다.

① [Packaging] 화면이 열렸습니다. ② 위에서 아래로 드래그하면서 필요한 [디자인을 선택] 하여 클릭합니다.

① 선택한 패키징 디자인이 [편집 페이지]에 보입니다. 처음에는 페이지 중앙에 위치하게 되는데 마우스로 드래그하여 상단 좌측으로 이동해놓았습니다. ② [이미지 삽입]을 위해 이미지를 ③ [목업]으로 끌어다 놓아야 합니다. ④ [업로드 탭]에서 이미지를 가져오면 됩니다. 업로드 탭으로 이동하기 전에 ⑤ 디자인을 선택 후 상하좌우 [원형 조절점]을 마우스로 드래그하여 사이즈를 조절할 수 있습니다. 디자인을 마우스로 드래그하여 위치 조절도 가능합니다. ⑥ 편집 페이지 크기가 가로가 긴 직사각형이므로 [필요한 패키징 디자인]을 몇 개 더 가져다 놓은 뒤 작업 해도 됩니다. 이제 목업에 끌어다 놓을 이미지를 선택하기 위해 ④번의 [업로드 항목]을 클릭합니다.

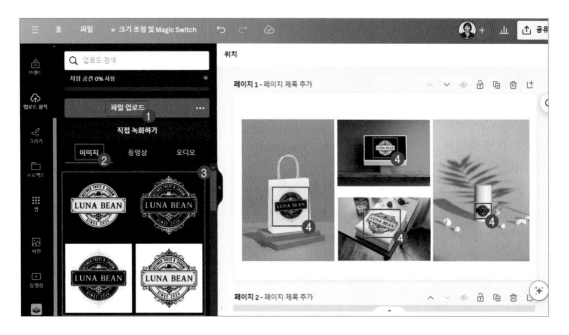

[업로드 항목] 저장 공간이 열렸습니다. 캔바에서 디자인해 놓은 [로고 파일]을 업로드하습니다. ① [파일 업로드] 탭을 클릭 후 업로드 할 파일의 저장된 위치에서 파일을 [더블 클릭] 혹은 하단 우측의 [열기]를 클릭하면 ② 업로드 항목의 [이미지] 탭에 ③ [업로드] 됩니다. [동영상, 오디오]도 동일한 방식으로 업로드 할 수 있습니다. 파일을 업로드해 놓으면 캔바에서 콘텐츠 작업이 가능합니다. 필요한 이미지가 다수이면 파일을 모두 업로드합니다. 업로드 한 [로고 이미지] 중 적용할 이미지 선택 후 드래그 하여 ④ [목업] 위에 끌어다 놓으면 조그만 점이 빙글빙글 돌면서 잠시 후 [목업]에 이미지가 들어갑니다.

위와 같이 목업을 사용하여 사업장의 업종별 컨셉에 맞추어 로고, 슬로건, 제품 이미지 등을 다양 하게 적용해 볼 수 있습니다. 목업 앱을 적극적으로 활용하여 비즈니스가 한 단계 더 성장할 수 있는 계기가 되기를 바랍니다.

4 캔바에서 달리(DALL·E)로 이미지 만들기

DALL·E는 OpenAI가 개발한 AI 이미지 생성 모델로, 텍스트 설명을 바탕으로 복잡한 이미지를 생성할 수 있습니다. 사용자가 입력한 문장을 해석하여 관련 이미지를 창조적으로 만들어내며, 다양한 스타일과 컨셉트의 시각적 콘텐츠를 제작할 수 있게 해줍니다.

캔바와 DALLL·E의 결합은 사용자 경험을 단순화하고 접근성을 향상시켜, 디자인 전문 지식이 없는 사용자도 전문가 수준의 결과물을 얻을 수 있게 합니다. 이러한 접근성은 소규모 비즈니스와 스타트업에 특히 유리하며, 제한된 자원으로도 높은 품질의 시각적 콘텐츠를 제작할 수 있는 능력을 제공합니다. 달리를 활용하면 비즈니스는 창의적이고 매력적인 시각적 콘텐츠를 통해 브랜드 인지도를 높이고, 시장에서 독특한 위치를 확보할 수 있습니다.

달리(DALL·E)에서 생성한 이미지는 다음과 같은 분야에서 특히 유용하게 활용될 수 있습니다.

1) 마케팅 및 광고 캠페인 : 달리 앱을 통해 생성된 이미지는 소셜 미디어 광고, 웹 배너, 포스터, 브로슈어 등 다양한 마케팅 자료에 사용되어 브랜드의 메시지를 효과적으로 전달할 수 있습니다. 달리로 생성한 이미지를 활용하면, 브랜드의 메시지를 시각적으로 강조하고, 잠재 고객의 시선을 끌 수 있습니다.

2) 소셜 미디어 콘텐츠 : 매력적이고 창의적인 이미지는 소셜 미디어에서 사용자의 관심을 끌고 참여를 유도하는 데 필수적입니다. 달리를 통해 생성된 독특한 이미지들은 브랜드의 소셜 미디어 프로필을 강화하고 메시지를 효과적으로 전달할 수 있습니다.

3) 제품 디자인과 패키징 : 제품의 외관과 패키징 디자인에 달리 앱으로 생성된 이미지를 활용함으로써, 제품을 시장에서 돋보이게 만들고 소비자의 관심을 끌 수 있습니다. 이는 제품의 매력을 증가시키고, 구매 결정에 긍정적인 영향을 미칠 수 있습니다.

4) 제품 디자인과 패키징 : 웹사이트의 배너, 헤더, 블로그 포스트의 이미지 등에 달리로 생성한 이미지를 사용함으로써, 웹사이트와 블로그의 시각적 매력을 높이고, 방문자의 체류 시간을 증가시킬 수 있습니다.

5) 프레젠테이션 및 보고서 : 비즈니스 미팅, 학술 발표, 연구 보고서 등에서 달리로 생성한 이미지를 사용하면, 복잡한 데이터나 개념을 시각적으로 표현하여 이해도를 높일 수 있습니다.

6) 브랜딩 : 로고, 명함, 브랜드 가이드라인 등의 브랜딩 자료에 달리로 생성한 이미지를 활용하여 브랜드의 아이덴티티를 강화하고, 시각적 일관성을 유지할 수 있습니다.

달리(DALL·E)의 활용은 이러한 분야에 국한되지 않으며, 창의적인 생각에 따라 무궁무진한 가능성을 탐색할 수 있습니다. 이러한 시각적 콘텐츠의 활용은 비즈니스의 브랜딩을 강화하고, 시장 내에서의 경쟁력을 향상하는 데 중요한 역할을 합니다.

캔바에 로그인한 뒤 사이드 패널에서 [앱]을 클릭하면 ① [앱] 페이지가 열립니다. ② [AI 기반] 탭을 클릭하고 ③ [DALL·E] 앱을 클릭합니다.

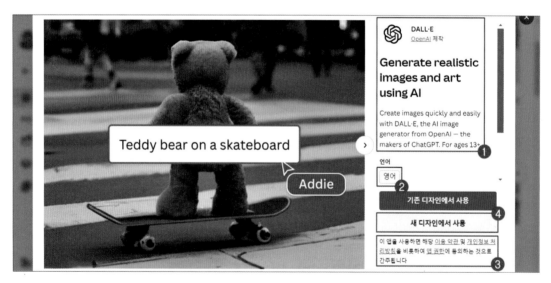

① 달리 앱은 챗GPT를 개발한 [OpenAI사]에서 제작되었습니다. AI 이미지 생성기이며 13세 이상 사용 가능하다고 안내합니다. ② 언어는 [영어]를 지원하고 있어서 이미지 생성 요청 시 [한국어 입력은 불가]합니다. 언어 장벽이 있는 사용자는 구글 번역 등 번역기를 사용하면 됩니다. ③ 달리 앱 사용 전 [이용약관 및 개인정보처리방침]을 클릭하여 꼭 읽어보세요. 많은 사용자가 궁금해하는 콘텐츠 소유권에 대해서는 오픈AI가 [사용자에게 양도]한다고 명기되어 있습니다. 달리 앱으로 이미지 생성 시 제작된 콘텐츠는 사용지 임의로 마케팅에 사용하여도 법적인 문제가 없습니다. ④ [새 디자인에서 사용]을 클릭합니다.

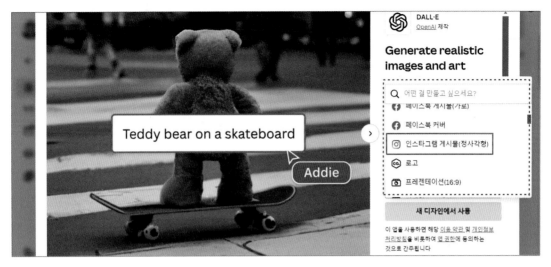

스타일 및 크기 선택 창에서 [**인스타그램 게시물(정사각형)**]을 선택합니다. 사용자의 사용 용도에 따라 임의로 선택할 수 있습니다.

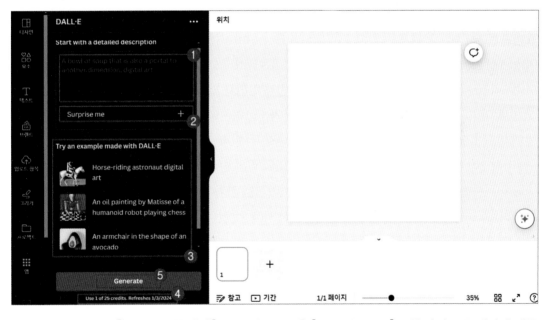

① 생성할 이미지의 [**프롬프트를 영어**]로 입력합니다. ② [Surprise me]를 한 번씩 누를 때마다 샘플 프롬프트 3개를 돌아가면서 보여줍니다. ③ 달리 앱으로 생성된 대표 프롬프트로 생성된 이미지를 보여주는데 [예제]로 만들어보라고 합니다. 동일한 프롬프트라 할지라도 다른 이미지가 생성될 수 있습니다. ④ 캔바에서 달리 앱 사용 시 [**월 25 크레딧**]을 제공하며 한번 사용 시 [**1 크레딧**]이 [**차감**] 됩니다. [**매월 1일 25 크레딧이 새로 제공**]됩니다. ⑤ 연습으로 ②번이나 ③번의 프롬프트 샘플로 [**①번창에 프롬프트 입력**] 후 [Generate]를 클릭하여 이미지 생성 테스트해 보는 것도 좋습니다.

인스타그램 게시물에 올릴 패션 상품 이미지를 생성을 해보겠습니다. 앞 페이지 그림의 [①번 프롬프트 창]에 [프롬프트 입력] 후 [⑤번 Generate]를 클릭합니다. (필자 프롬프트 예시 : Photo of a beautiful young woman in her 20s with blonde hair wearing a spring dress) 이미지가 [2개] 생성되었습니다. ① 왼쪽의 [첫 번째 이미지]를 클릭하면, ② 편집 화면 [페이지 1에 첫 번째 이미지가 삽입]됩니다. ③ [페이지 추가] 아이콘이나 [+ 페이지]를 클릭하면 [새로운 빈 페이지]가 생성됩니다. ④ 생성된 이미지 중 [두 번째 이미지]를 클릭하면 ⑤ 편집 화면의 [페이지 2에 두 번째 이미지가 삽입]됩니다. 이와 같은 방식으로 새로운 페이지를 만들어 페이지마다 이미지를 추가할 수 있습니다. 페이지에 이미지를 가득 채우려면 [이미지 선택] 후 [마우스 우클릭]하여 [이미지를 배경으로 설정]을 선택하거나 이미지를 [마우스로 드래그]하여서 확대하면 됩니다. 배경으로 설정한 이미지를 배경으로 선택하지 않을 때는 [마우스 우클릭]하여 [배경에서 이미지를 분리합니다.]를 선택하면 됩니다. ⑥ 위에 입력한 프롬프트로 새로운 이미지를 생성하고 싶으면 [Generate again]을 클릭합니다. 그러나 캔바에 연동된 달리 앱에서는 ⑦ [Please enter a different prompt.] 경고 메시지가 뜨고 이미지 재생성이 되지 않습니다. 현재 달리 앱은 유료인데 캔바에 연동된 달리 앱에서는 최소한의 기능만 주어진 것으로 보입니다. 글자 수도 350 characters로 제한되어 있습니다. ⑧ 다른 프롬프트로 이미지를 다시 생성하려면 [Go back]을 눌러 동일한 과정을 진행하면서 다양한 이미지를 생성합니다. ⑨ 현재 생성된 이미지를 저장하려면 상단 우측의 [공유] 버튼을 클릭하여 다운로드받아 활용합니다.

캔바의 달리 앱을 이용하여 생성한 이미지를 템플릿을 활용하여 인스타그램 게시물을 제작해 보겠습니다. ① 캔바 메인 화면 [검색 창]에서 [인스타그램 게시물 패션]으로 검색하여 ② 사용자가 마음에 드는 [템플릿]을 클릭하여 선택합니다. 필자는 유료 템플릿으로 검색하였습니다.

① [이 템플릿으로 편집하기]를 클릭합니다. ② [비슷한 이미지] 아래에 템플릿이 다양하게 있으므로 비슷한 다른 템플릿 중에서 다시 선택해도 됩니다.

위 그림의 템플릿이 열렸습니다. ① 왼쪽 메뉴에서 [**업로드 항목**]을 클릭하면 ② [**달리 앱에서 생성된 이미지**]가 자동으로 업로드된 것을 확인할 수 있습니다. ③ 편집 화면에 열린 템플릿에서 요소, 사진, 텍스트 등을 수정하여 완성합니다. ④ 완성된 템플릿은 상단 우측의 [**공유**] 버튼을 눌러 [**다운로드**]하여 인스타그램 게시물로 업로드 합니다.

위와 같이 캔바와 연동된 앱을 활용하여 생성된 이미지를 마케팅 및 광고 캠페인, 소셜 미디어 콘텐츠, 제품 디자인과 패키징, 제품 디자인과 패키징, 프레젠테이션 및 보고서, 브랜딩 등에 활용하여 브랜드 마케팅에 활용할 수 있습니다.

※ 참고 사항

OpenAI사의 DALL·E 2는 별도의 정식 홈페이지가 있습니다. (https://openai.com/dall-e-2) 크레딧을 무료로 제공하지 않으며 월 15불을 결제하고 매월 115 크레딧을 제공받아 이미지를 생성할 수 있습니다.

DALL·E 3도 별도의 홈페이지가 있으며(https://openai.com/dall-e-3) ChatGPT-4 버전에서 무료로 사용할 수 있습니다. (https://chat.openai.com/) ChatGPT-4 사용료는 월 20불입니다. 2023년 9월에 버전 3으로 업그레이드되면서 퀄리티가 더 높아져 활용도가 좋아졌습니다.

5 DALL·E 3을 무료로 사용할 수 있는 사이트 : 마이크로 소프트 Bing Image Creator

Bing Image Creator는 마이크로소프트가 개발한 AI 기반의 이미지 생성 도구입니다. DALL·E 3을 무료로 사용하여 이미지를 생성할 수 있도록 도와주며 사용자가 입력한 텍스트 설명을 바탕으로 고품질의 이미지를 생성할 수 있게 해주는 기술을 사용합니다.

포털 사이트에서 [**빙 이미지 크리에이터**]를 검색하여 사이트에 접속 후 [**마이크로 소프트 계정 생성**] 후 로그인합니다. ① [**프롬프트 창**]에 이미지를 생성할 프롬프트를 입력합니다. 100개 이상의 언어를 지원하기 때문에 한국어로 입력해도 됩니다. ② [**만들기**]를 클릭합니다. ③ 빙 이미지 크리에이터는 무료이지만 [**부스트**]라는 토큰이 있고 그림을 생성할 때마다 1개의 부스트가 사용됩니다. 부스트가 없어도 이미지는 생성할 수 있지만 생성 시간은 조금 더 길어지며 서버의 혼잡도에 따라 이미지 생성이 어려울 수도 있습니다. 계정을 생성하면 2023년 10월 20일 기준 [**최초 15개의 부스트가 제공**]되며, 사용 후 남은 잔여 부스트 수량과 관계없이 [**매일 15개로 초기화**] 됩니다. 초기화되는 시간은 계정마다 상이하며 제공되는 부스트 수량은 MS 정책에 따라 수시로 변동될 수 있습니다.

① 한글로 [**프롬프트**]를 입력했습니다. ② 프롬프트와 어울리는 [**이미지 4개**]가 생성되었습니다. 1024px x 1024px 사이즈로 제공됩니다. ③ 이미지를 한 번씩 만들 때 마다 [**부스트**]가 [**1개씩 소진**]되고 있음을 확인할 수 있습니다. ④ 사용자가 최근 생성한 [**이미지**]를 확인할 수 있습니다.

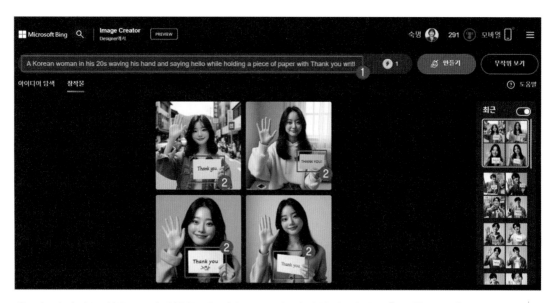

① 위 이미지는 한글로 입력했을 때 계속 오류가 발생하여 영어로 [**프롬프트**]를 작성했더니 이미지가 생성되었습니다. ②특정 글자 생성 필요시 [**영어**]는 가능하지만 아직 한글은 생성되지 않습니다. 그리고 [**따옴표 ' '**] 안에 글자를 입력하면 글자가 더 잘 생성될 수 있습니다.

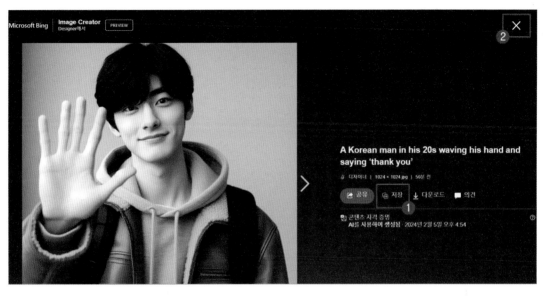

빙 이미지 크리에이터는 사용자가 생성한 이미지를 저장하여 확인할 수 있는 기능이 있습니다. 빙 이미지 크리에이터 메인 화면의 [**창작물 탭**]에서 [**저장할 이미지**] 클릭 후 ① [**저장**]을 눌러 줍니다. ② 저장 후 [**X**]를 눌러 창을 닫아줍니다. 저장 외에도 [**공유, 다운로드**]도 할 수 있습니다.

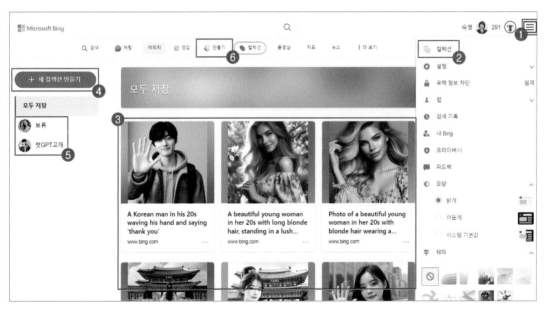

① [**더 보기**] 메뉴를 눌러 ② [**컬렉션**]을 클릭하면 저장된 ③ 저장된 [**모든 이미지**]를 확인할 수 있습니다. ④ [**+ 세 컬렉션 만들기**]에서 ⑤ [**주제별 컬렉션**]을 만들어 관리할 수 있습니다. ⑥ 빙 이미지 크리에이터 화면으로 돌아가려면 [**만들기**] 탭을 클릭합니다.

Ai 챗.GPT는
컨설턴트